A reflexão e a prática no Ensino Médio

2

Inglês: linguagem em atividades sociais

Blucher

Inglês:
linguagem em atividades sociais

Márcio Rogério de Oliveira Cano
coordenador da coleção

Fernanda Coelho Liberali
organizadora do volume

Airton Pretini Junior	Maria Cristina Meaney
Ana Paula Barbosa Risério Cortez	Maurício Canuto
Andrea Vieira Miranda-Zinni	Monica Ferreira Lemos
Camila Santiago	Mônica Galante Gorini Guerra
Danielle Gazzotti	Nilton Mendes
Feliciana Amaral	Renata Philippov
Fernando Rezende da Cunha Júnior	Rosemary Hohlenwerger Schettini
José Carlos Barbosa Lopes	Sarah Oatney-Weiler
Laureana Piragine	Simone Alves Magalhães
Márcia Pereira de Carvalho	Valdite Pereira Fuga
Maria Cecília Camargo Magalhães	autores

Coleção A reflexão e a prática no Ensino Médio – volume 2 – Inglês: linguagem em atividades sociais

©2016 Márcio Rogério de Oliveira Cano (coord.), Fernanda Coelho Liberali (org.), Airton Pretini Junior, Ana Paula Barbosa Risério Cortez, Andrea Vieira Miranda-Zinni, Camila Santiago, Danielle Gazzotti, Feliciana Amaral, Fernando Rezende da Cunha Júnior, José Carlos Barbosa Lopes, Laureana Piragine, Márcia Pereira de Carvalho, Maria Cecília Camargo Magalhães, Maria Cristina Meaney, Maurício Canuto, Monica Ferreira Lemos, Mônica Galante Gorini Guerra, Nilton Mendes, Renata Philippov, Rosemary Hohlenwerger Schettini, Sarah Oatney-Weiler, Simone Alves Magalhães, Valdite Pereira Fuga

Editora Edgard Blücher Ltda.

1ª reimpressão – 2019

Blucher

Rua Pedroso Alvarenga, 1245, 4º andar
04531-012 – São Paulo – SP – Brasil
Tel.: 55 11 3078-5366
contato@blucher.com.br

www.blucher.com.br

Segundo o Novo Acordo Ortográfico, conforme 5. ed. do *Vocabulário Ortográfico da Língua Portuguesa*, Academia Brasileira de Letras, março de 2009.

Ficha catalográfica

Inglês: linguagem em atividades sociais / Airton Pretini Junior... [et al.] ; Fernanda Coelho Liberali (org.). — São Paulo: Blucher, 2016. 186 p.: il. (Coleção A reflexão e a prática no Ensino Médio, v. 2 / Márcio Rogério de Oliveira Cano, coord.)

Bibliografia
ISBN 978-85-212-1072-6

1. Língua inglesa - Estudo e ensino 2. Prática de ensino I. Título. II. Pretini Junior, Airton. III. Liberali, Fernanda Coelho. IV. Cano, Márcio Rogério de Oliveira.

16-0524   CDD 428.7

Índice para catálogo sistemático:
1. Reflexões e prática no ensino de língua inglesa

Coordenação, organização e autores

COORDENADOR DA COLEÇÃO

MÁRCIO ROGÉRIO DE OLIVEIRA CANO

Professor do curso de Letras do Departamento de Ciências Humanas da Universidade Federal de Lavras, mestre e doutor pelo Programa de Estudos Pós-Graduados em Língua Portuguesa da Pontifícia Universidade Católica de São Paulo. Desenvolve pesquisas na área de Ensino de Língua Portuguesa e Análise do Discurso. Possui publicações e trabalhos apresentados na área, além de vasta experiência nos mais variados níveis de ensino. Também atua na formação de professores de Língua Portuguesa e de Leitura e produção de textos nas diversas áreas do conhecimento.

ORGANIZADORA DESTE VOLUME

FERNANDA COELHO LIBERALI

Possui graduação em Letras pela Universidade Federal do Rio de Janeiro, mestrado e doutorado em Linguística Aplicada e Estudos da Linguagem pela Pontifícia Universidade Católica de São Paulo. Realizou estágio de pós-doutoramento na University of Helsinki, com o Prof. Dr. Yrjo Engestrom e na Freie Universität Berlin, com os Profs. Drs. Christoph Wulf e Michalis Kontopodis. Atua como professora do Departamento de Inglês, do Programa de Estudos Pós-Graduados em Linguística Aplicada e Estudos da Linguagem e do Programa de Estudos Pós-Graduados em Educação: Formação de Formadores, da PUC-SP. De 2008 a 2016, foi a representante brasileira da International Society for Cultural and Activity Research (ISCAR) e, de 2013 a 2014, voltou a contribuir para a Sociedade, como uma de suas representantes. De 2011 a 2014, coordenou no Brasil o Projeto Internacional DIGIT-M-ED, financiado pelo Marie Curie Actions. É uma das líderes do grupo de pesquisa Linguagem em Atividades no Contexto Escolar e atua como coordenadora geral do projeto de extensão DIGIT-M-ED/Brasil: Transformando o ensino-aprendizagem. Trabalha ainda como formadora de professores, coordenadores, diretores e formadores de formadores para instituições de ensino, públicas e particulares, e, especificamente, para as Diretorias Municipais de Ensino de São Paulo.

AUTORES

AIRTON PRETINI JUNIOR

É mestre em Linguística Aplicada e Estudos da Linguagem pela PUC-SP. É pesquisador do grupo LACE (LAEL/PUC-SP). Atua como professor no curso de pós-graduação em Didática para Educação Bilíngue do Instituto Singularidades, como professor e coordenador na Escola Castanheiras, e também como professor de cursos de formação de educadores nos cursos de especialização da COGEAE (PUC-SP).

AUTORES

ANA PAULA BARBOSA RISÉRIO CORTEZ

Mestre em Linguística Aplicada e Estudos da Linguagem pela Pontifícia Universidade Católica de São Paulo (PUC-SP) e Mestranda em Educação pela Framingham State University. Trabalha com ensino de línguas estrangeiras em escola internacional, com elaboração de material didático para escolas particulares e editoras. Realiza pesquisas nas áreas de educação bilíngue e multicultural, em formação de professores e português como língua adicional e em abordagens educacionais alternativas.

ANDREA VIEIRA MIRANDA-ZINNI

É mestre em Linguística Aplicada pela PUC-SP e trabalhou como professora de inglês nos diversos segmentos (Educação Infantil, Ensino Fundamental I e II, Ensino Médio, Ensino Superior) por 15 anos. Atuou como formadora de professores de língua inglesa e orientadora de projetos de pesquisa no curso de letras, em uma universidade particular de São Paulo, por cinco anos, além de participar do grupo de docentes nos cursos de especialização, aperfeiçoamento e extensão da COGEAE/PUC-SP. Pesquisou a participação e interação de alunos de inglês e professora no contexto da Educação Infantil. Atualmente, trabalha como Coordenadora Geral do Ensino Fundamental II em uma escola bilíngue de São Paulo, e como Coordenadora de Educação Infantil em uma escola Bilíngue Canadense. É co-autora de materiais didáticos para o ensino de inglês como língua estrangeira baseados na concepção de atividade social e gênero. Também participou do grupo de elaboração das expectativas de aprendizagem (língua inglesa) da prefeitura de São Paulo, além disso, participou por dois anos consecutivos, como selecionadora do Premio Educador Nota Dez, da Fundação Victor Civita. Paralelamente, elabora currículos de cursos de línguas integrados às diversas áreas do conhecimento e presta assessoria em formação continuada de professores a escolas particulares da cidade de São Paulo.

CAMILA SANTIAGO

É mestre em Linguística Aplicada e Estudos da Linguagem pela Pontifícia Universidade Católica de São Paulo (PUC-SP), possui especialização em Docência no Ensino Superior e graduação em Letras, bacharelado e licenciatura (Português/Inglês), e em Pedagogia. Trabalhou como professora-tutora do curso de Letras EAD da Universidade Metodista de São Paulo (UMESP) onde, atualmente, ministra aulas em diferentes cursos de graduação e pós-graduação, presenciais e a distância, orienta trabalhos de conclusão de curso e é assistente pedagógica do centro de línguas. Atua também como professora de língua inglesa do Ensino Fundamental I na Escola Antonietta e Leon Feffer (ALEF). É integrante do grupo de pesquisa Linguagem em Atividades no Contexto Escolar (LACE) e do internacional Global Perspectives on Learning and Development with Digital Video-Editing Media (DIGIT-M-ED): transformando o ensino-aprendizagem, aplicadora do exame Celpe-Bras e revisora autônoma. Desenvolve trabalhos com ensino de línguas por meio de atividades sociais e dos multiletramentos.

DANIELLE GAZZOTTI

Mestre em Linguística Aplicada e Estudos de Linguagem pela Pontifícia Universidade Católica de São Paulo (PUC-SP) e doutoranda em Psicologia Escolar e Desenvolvimento Humano na USP. Tem graduação em Letras (Português/Inglês) e Pedagogia, com especialização em Linguística Aplicada.

Possui os certificados CPE e CELTA, emitidos pela Universidade de Cambridge, possibilitando a atuação como professora de Língua Inglesa em território nacional e internacional. Atualmente é professora de educação infantil bilíngue na Stance Dual School e pesquisadora dos grupos de pesquisa LACE/PUC-SP – Linguagem em Atividades em Contexto Escolar e LIEPPE/USP – Laboratório Interinstitucional de Estudos e Pesquisas em Psicologia Escolar.

FELICIANA AMARAL

Mestre em Linguística Aplicada pela Pontifícia Universidade Católica de São Paulo (PUC-SP). Possui graduação em Letras (Português/Inglês) pelo Centro Universitário das Faculdades Metropolitanas Unidas (FMU). Lecionou por 15 anos em escola da rede pública do estado de São Paulo. Atualmente é professora de Língua Portuguesa, Projeto Pessoal e Iniciação Científica na Stance Dual School, e Metodologia de pesquisa aplicada à educação no curso de Pedagogia da Faculdade do Educador (FEDUC). É integrante do grupo de pesquisa LACE (Linguagem em Atividades no Contexto Escolar) da PUC-SP e participa do projeto internacional DIGIT-M-ED, no qual desenvolve atividades com alunos, professores e gestores de escolas públicas e privadas para a prática escolar colaborativa por meio do uso de múltiplas mídias.

FERNANDO REZENDE DA CUNHA JÚNIOR

É aluno de doutorado na Vrije Universiteit Amsterdam, na Faculdade de Psicologia e Educação. Atualmente desenvolve pesquisas na área de uso de tecnologia de informação em sala de aulas, com foco no uso de redes sociais. Tem mestrado em Linguística Aplicada e Estudos da Linguagem pelo LAEL/PUC-SP e graduação em Letras pela Universidade do Vale do Sapucaí.

JOSÉ CARLOS BARBOSA LOPES

É mestre em Linguística Aplicada e Estudos da Linguagem pela PUC-SP e integra o grupo de pesquisa Linguagem em Atividades no Contexto Escolar (LACE). Tem experiência como professor de inglês em escolas públicas e particulares no Ensino Fundamental I, II e Médio. Já atuou em institutos de idiomas e na tutoria de cursos EAD. Atualmente é professor de Ensino Superior na FATEC-Mauá e na Faculdade Nossa Cidade FNC.

LAUREANA PIRAGINE

Professora especialista formada em Letras (Inglês) pela Universidade de São Paulo com pós-graduação em Filosofia da Educação pela Pontifícia Universidade Católica de São Paulo. Já fez parte de programas de formação de professores de inglês e da elaboração de cursos e material didático para escolas de línguas e editoras. Atualmente trabalha com ensino de português como língua estrangeira em escola internacional.

MÁRCIA PEREIRA DE CARVALHO

Professora efetiva de Língua Estrangeira Moderna – Inglês na Secretaria de Educação do Estado de São Paulo. É formada pelas Faculdades Oswaldo Cruz em Letras Inglês – Português. Participou do curso de extensão cultural Reflexão sobre a Ação PUC-SP/Cultura Inglesa. É membro do grupo de pesquisa Linguagem em Atividades no Contexto Escolar (LACE) e é mestre em Linguística Aplicada e Estudos da Linguagem pela PUC-SP. Tomou parte no Programa de Desenvolvimento de Professores de Inglês (PDPI). E atua como pesquisadora no projeto de extensão Hiperconectando DIGIT-M-ED.

AUTORES

MARIA CECÍLIA CAMARGO MAGALHÃES

É graduada em Letras Germânicas (Português, Inglês e Alemão) pela Universidade de São Paulo (1970), licenciada em Português e Inglês pela Universidade de São Paulo (1971), mestre em Linguística Aplicada e Estudos da Linguagem pela Pontifícia Universidade Católica de São Paulo (1980) e doutora em Educação pelo College of Education – Virginia Polytechnic Institute and State University (1990) em Currículo e Instrução com foco na leitura e em formação contínua de professores, com base na metodologia colaborativo-crítica. Defendeu tese de doutorado com um trabalho colaborativo desenvolvido com uma professora de um grupo de reforço em leitura, em uma escola americana. Atualmente é professora titular da Pontifícia Universidade Católica de São Paulo – Departamento de Linguística e PPG em Linguística Aplicada e Estudos da Linguagem. Tem experiência na área de linguística, com ênfase em linguística aplicada, atuando principalmente nos seguintes temas: ensino-aprendizagem de língua materna e estrangeira, leitura e escrita no ensino-aprendizagem em diferentes áreas do conhecimento, formação contínua de professores colaborativos e críticos, metodologia de pesquisa Crítica de Colaboração. Sua pesquisa está embasada no quadro da Teoria da Atividade Sócio-Histórico-Cultural e na concepção enunciativa de linguagem (Círculo de Bakhtin). Coordena e ministra cursos sobre formação de educadores, teorias de ensino-aprendizagem e questões de cidadania. É uma das líderes do grupo de pesquisa Linguagem em Atividades no Contexto Escolar (LACE).

MARIA CRISTINA MEANEY

Possui graduação em Letras pela PUC-SP (1986). É mestre em Linguística Aplicada e Estudos da Linguagem também pela PUC-SP (2009). Ministra aulas em inglês como professora polivalente na Stance Dual School. Atua na formação de formadores em cursos de extensão na COGEAE (PUC-SP). Presta assessoria à Secretaria de Educação do Rio de Janeiro (SEEDUC) em parceria com o Instituto Ayrton Senna na temática de língua estrangeira. Também produz material de inglês para o Ensino Médio. É formadora de professores no Colégio Chico Anísio (CECA) na área de linguagens. Atuou como coordenadora pedagógica na escola de idiomas CELLEP. Produz materiais didáticos em inglês para escolas particulares bilíngues e não bilíngues, particulares e públicas do estado de São Paulo. Presta consultoria na formação de professores de inglês. Integra o grupo de pesquisa LACE (Linguagem em Atividades no Contexto Escolar), coordenado pelas Profas. Dras. Fernanda Coelho Liberali e Maria Cecília Camargo Magalhães. Participa, como pesquisadora-formadora, do projeto internacional DIGIT-M-ED, financiado pelo Marie Curie Actions e do projeto de extensão DIGIT-M-ED HIPERCONECTANDO/Brasil: Transformando o ensino-aprendizagem, coordenados pela Prof. Dra. Fernanda Coelho Liberali. Suas áreas de concentração são: educação bilíngue, ensino de língua inglesa, atividade social, argumentação, partindo da linguística aplicada.

MAURÍCIO CANUTO

É mestre em Linguística Aplicada e Estudos da Linguagem pela Pontifícia Universidade Católica de São Paulo (PUC-SP), é formado em Letras (Português/Inglês), com especialização em Língua Portuguesa e Literatura. Participa do projeto internacional Global Perspectives on Learning and Development with Digital Video-Editing Media (DIGIT-M-ED),

AUTORES

financiado pelo Marie Curie Actions e do projeto de extensão e pesquisa LEDA (Leitura e Escrita em Diferentes Áreas). Atualmente é coordenador de ação do Núcleo Educacional na Secretaria Municipal de Educação de São Paulo e professor nos cursos de educação da COGEAE/PUC-SP e do Instituto Singularidades de Ensino Superior, e membro editor da *Revista L@el em (Dis-)curso*, publicação eletrônica dos alunos do LAEL/PUC-SP.

MONICA FERREIRA LEMOS

Doutoranda pelo Centro de Pesquisa em Atividade, Desenvolvimento e Aprendizagem na Universidade de Helsinque e coordenadora do curso de verão em Teoria da Atividade e Intervenções formativas pela mesma universidade. Possui graduação em Letras (Inglês) pela Pontifícia Universidade Católica de São Paulo (2003), mestrado em Linguística Aplicada e Estudos da Linguagem. Foi coordenadora pedagógica do curso de língua inglesa corporativo da Universidade de Brasília em convênio com o Banco Central do Brasil-SP, além disso, atuou como professora de leitura e produção de textos no curso de pedagogia da Faculdade Metropolitana de Caieiras e nos cursos de educação da COGEAE/PUC-SP.

MÔNICA GALANTE GORINI GUERRA

Possui pós-doutorado em Educação pela PUC-SP, doutorado e mestrado em Linguística Aplicada e Estudos da Linguagem pela Pontifícia Universidade Católica de São Paulo, mestrado em Educação pelo Centro Universitário Salesiano de São Paulo, especialização em Psicopedagogia e Pedagogia. Membro do grupo de pesquisa Linguagem em Atividades no Contexto Escolar (LACE). Tem experiência na área da educação, com ênfase em formação de professores e gestores educacionais, atuando principalmente nos seguintes temas: didática, gestão educacional, aprendizagem lúdica e reflexão crítica.

NILTON MENDES

É mestre em Linguística Aplicada e Estudos da Linguagem pela Pontifícia Universidade Católica de São Paulo (PUC-SP). Tem experiência como professor de inglês e formador de professores nos contextos do Ensino Fundamental II, Ensino Médio, pós-graduação e institutos de idiomas. Atua como professor e como coordenador no Colégio Rio Branco.

RENATA PHILIPPOV

Professora adjunta do Departamento de Letras da Escola de Filosofia, Letras e Ciências Humanas da Universidade Federal de São Paulo e do Programa de Pós-Graduação em Letras da Universidade Federal de São Paulo. Mestre e doutora em Letras pela Universidade de São Paulo e Pós--doutora em Linguística Aplicada pelo LAEL/PUC-SP, pesquisadora do grupo de pesquisas LACE (CNPq) e líder do grupo de pesquisas Língua e literatura: interdisciplinaridade e docência (CNPq).

ROSEMARY HOHLENWERGER SCHETTINI

Graduada em Psicologia pela Universidade Federal Fluminense, mestre em Psicologia pela Pontifícia Universidade Católica (RJ) e doutora em Linguística Aplicada pela Pontifícia Universidade Católica (SP). Fundadora da PRONACE (Associação Nacional de Ensino), diretora da FEDUC (Faculdade do Educador), diretora do instituto de línguas estrangeiras University Language System (ULS-Idiomas). Exerce atividades de ensino, de pesquisa e de extensão na formação de profissionais da educação. Dedica-se ao trabalho de pesquisadora atuando nas seguintes áreas: formação de professores, leitura nas diferentes áreas. Tem experiência na área de linguística aplicada com ênfase na formação crítico-reflexiva de profissionais da educação. Pesquisadora colaboradora externa no projeto LEDA (Leitura e Escrita nas Diferentes Áreas) e no projeto Aprender Brincando, ambos ligados ao PAC (Programa Ação Cidadã), na PUC-SP. Autora de artigos e livros sobre os temas de transformação de ações em sala de aula em que busca contribuir na discussão sobre formação de profissionais como prática favorecedora de reconstrução da escola.

SARAH OATNEY-WEILER

É mestre em Educação pela University of Illinois e mestre em Ciências Sociais pela University of Chicago. Doutoranda em Educação pela University of London – Institute of Education, atua como Head Teacher em uma escola bilíngue em São Paulo e participa como pesquisadora do grupo de pesquisa LACE/PUC-SP (Linguagem em Atividades no Contexto Escolar), além de publicar artigos sobre educação.

SIMONE ALVES MAGALHÃES

Possui graduação em Letras Inglês/Português pela Universidade de São Paulo (USP – 2001). Foi aprovada no ICELT (International Certificate of English Language Teachers) em 2004. Concluiu pós-graduação latu sensu em Ética, Valores e Cidadania pela USP (2014). É também mestra em Linguística Aplicada pela Pontifícia Universidade Católica de São Paulo (PUC-SP – 2013). Atua como professora há vinte anos, atualmente é professora de inglês no Colégio Albert Sabin e professora de Língua Portuguesa na Faculdade do Educador (FEDUC). Integra o grupo de pesquisa LACE (Linguagem em Atividades no Contexto Escolar), coordenado pelas Profas. Dras. Fernanda Coelho Liberali e Maria Cecília Camargo Magalhães. Participa também do Projeto "Fazendo Minha História" como voluntária do Instituto Fazendo História, de São Paulo. Tem especial interesse em questões que envolvam linguagem, afeto, colaboração e educação, bem como a formação de cidadania.

VALDITE PEREIRA FUGA

Possui mestrado (2003) e doutorado (2009) em Linguística Aplicada e Estudos da Linguagem pela Pontifícia Universidade Católica de São Paulo. É graduada em Letras (1998) e Matemática (1982) pela Universidade de Mogi das Cruzes (SP), em que atuou como professora de Linguística e Literatura dos Povos (1999-2011). Atualmente é professora associada e assistente, na Faculdade de Tecnologia de Mogi das Cruzes (FATEC-Mogi das Cruzes), de língua inglesa e comunicação e expressão, responsável também pelo Programa Ciência sem Fronteiras. Atua no grupo de pesquisa Linguagem em Atividades no Contexto Escolar (LACE) do programa de Pós-Graduação da Pontifícia Universidade Católica (PUC-SP) e trabalha, principalmente, nos seguintes temas: formação docente, leitura e formação crítica.

Apresentação da coleção

A sociedade em que vivemos hoje é um espaço dos lugares virtuais, do dinamismo, da diversidade, mas também do consumo, da compra da felicidade e do seu envelhecimento para ser trocada por outra. Formar o sujeito em dias como esses é nos colocarmos no lugar do risco, da complexidade e do vazio que vem a ser preenchido pelos vários sentidos que esse sujeito existente produz nos espaços em que circula, mas que não são fixos. A escola é hoje um desses espaços. Em outras épocas, em lógicas anteriores, ensinar o conteúdo em detrimento da falta de conteúdo bastava; a escolha era entre aprovar e reprovar, entre a verdade e a mentira. Agora, o trabalho dessa mesma escola (ou de outra escola) é produzir o desenvolvimento desse sujeito no cruzamento de suas necessidades individuais com as do coletivo, do seu modo de aprendizagem com o modo coletivo, do local harmonizado com o global. Isso faz do ensino um trabalho árduo para contemplar essas adversidades e poder desenvolver um trabalho competente a partir delas.

Se a sociedade e a escola estão nessas dimensões, ao pensarmos em uma modalidade específica como o Ensino Médio, temos um exemplo em maior potencial de um lugar esvaziado pela história e pelas políticas educacionais. Qual a função do Ensino Médio em meio ao Ensino Fundamental e à Graduação, em meio à infância, à pré-adolescência e à fase adulta? O objetivo centra-se na formação para o trabalho, para o mundo do trabalho, para os processos seletivos de entrada em universidades, para uma formação humanística ou apenas uma retomada com maior complexidade do Ensino Fundamental?

Em meio a esses questionamentos, surgiu o projeto dessa coleção, voltado especificamente para pensar metodologias pedagógicas para as diversas áreas que compõem o Ensino Médio. A questão central que se colocava para nós, no início, não era responder a essas perguntas, mas sistematizar uma proposta, nas diversas áreas, que pudesse, ao seu término, produzir um discurso que preenchesse o espaço esvaziado dessa modalidade de ensino e que, de certa forma, se mostrasse como emblemático da discussão, propiciando outros questionamentos a partir de um lugar já constituído.

Por isso, nesta coleção, o professor que já atua em sala e o professor em formação inicial poderão ter contato com um material produzido a partir das pesquisas e reflexões de vários professores e pesquisadores de diversas instituições de pesquisa e ensino do Brasil que se destacaram nos últimos anos por suas contribuições no avanço da educação.

Aqui, a proposta contempla não formas e receitas para se trabalhar conteúdos, mas metodologias e encaminhamentos pedagógicos que possam contribuir com a reflexão do professor acerca do seu trabalho local em relação ao coletivo, bem como os objetivos de aprendizagens nas diversas instituições que formam professores.

Nossos pilares para a construção desse material foram definidos a partir das pesquisas já desenvolvidas, focando, primeiro, a noção de formação de um sujeito transdisciplinar/interdisciplinar, pois concordamos que o foco do ensino não deve ser desenvolver este ou aquele conteúdo, mas este e aqueles sujeitos. Por isso, entendemos que o ensino passou de um paradigma centrado no conteúdo para outro focado no ensino e, agora, na aprendizagem. Por isso, tendo como centro o sujeito e a sua aprendizagem, as propostas são construídas de forma a servirem de ponto de partida para a ação pedagógica, e não como roteiro fixo de aprendizagem, pois, se as aprendizagens são diferentes, todos os trabalhos precisam ser adaptados às suas realidades.

Essa ação pedagógica procura primar pelo eixo experiência-reflexão. Amparada pela história e por um ensino tradicional, a escola ainda reproduz um modelo puramente intelectivo sem, no entanto, oportunizar a experiência, fazendo a reflexão sobre o que não se viveu. O caminho que propomos aqui leva ao inverso: propor a experiência para os alunos e depois fazer a reflexão, seguindo o próprio caminho que faz com que a vida nos ensine. Vivemos as experiências no mundo e aprendemos com ela. À escola, cabe sistematizar essa reflexão sem nunca negar a experiência.

Se o sujeito e suas experiências são centrais, a diversidade dos sentidos apresentará um modelo bastante complexo de discussão, sistematização e encaminhamento pedagógico. A diversidade contempla as diferentes histórias, de diferentes lugares, de diferentes etnias, gêneros, crenças etc., mas só com ela presente em sala de aula podemos fazer com que esse sujeito veja sentido naquilo que aprende e possa construir um caminho para a vida a partir de sua diversidade.

Assim, pensamos, enfim, em contribuir com o Ensino Médio como um lugar cuja maturidade possibilite a ligação entre uma experiência de vida que se abre para o mundo, uma experiência local, familiar, muitas vezes protegida, que se abre para um mundo de uma ação de trabalho coletiva, democrática, centrada no outro, das adversidades das escolhas universitárias (ou não), de outros caminhos possíveis, de um mundo de trabalho ainda opressor, mas que pode ser emancipador. E, nesse espaço, queremos refletir sobre uma possibilidade de função para o Ensino Médio.

Agradecemos a escolha e convidamos todos a refletir sobre esse mundo conosco.

Márcio Rogério de Oliveira Cano

Conteúdo

1

Atividade social e multiletramento

Fernanda Coelho Liberali

Camila Santiago

1.1 INTRODUÇÃO

O Ensino Médio é o momento em que o aluno está concluindo sua educação básica. Em breve, vai transformar-se oficialmente em um cidadão com independência e autonomia plena. Nesse sentido, pensar na forma como a escola contribui para a formação desse sujeito como um cidadão com possibilidades plenas de atuação em sociedade, dignidade e autonomia torna-se fundamental na constituição do currículo de todas as áreas.

No ensino de línguas estrangeiras, esse aspecto tem sido debatido com relação aos modos que possibilitam trabalhar um currículo vinculado à "vida que se vive" (MARX; ENGELS, 2006, p. 26). A atividade social é aqui vista como organizadora curricular central que tem a finalidade de atravessar as barreiras entre a escola e a vida e permitir que os aprendizes estabeleçam relações entre o que aprendem e o que a vida demanda para sua plena participação. Isso já foi discutido em trabalhos anteriores de Liberali (2009, 2012) e de Pretini e Liberali (2014).

Em uma sociedade em que múltiplas demandas são colocadas ao sujeito, em que múltiplas formas de representar a realidade e de significar estão presentes, em que múltiplas maneiras de compreender e conceber o mundo coexistem, é preciso desenvolver modos de participação que ofereçam bases analíticas e críticas para que os sujeitos possam fazer escolhas e tomar decisões sobre quem são e/ou querem ser, que atitudes e modos de agir preferem ou podem assumir e por quê. Dessa forma, conjugar uma visão

> **Atividade social:** Atividades em que os sujeitos estão em interação com outros em contextos culturais determinados e historicamente dependentes. A opção pelo termo "tarefas" para denominar ações didáticas realizadas em sala de aula é feita para evitar a constante confusão entre os conceitos de atividade social e de atividade didática, geralmente utilizados por educadores.

de currículo pautado por atividades sociais com uma visão de multiletramentos (THE NEW LONDON GROUP, 2000), na qual há preocupação com a diversidade de ideias (multiculturalidade), de formas de representar (multimodalidade) e de artefatos (multimídias), auxilia na organização didática.

Neste capítulo, o foco recai sobre como fazer essa articulação no ensino de inglês.

1.2 ATIVIDADE SOCIAL E MULTILETRAMENTO

A vida constitui-se de variadas esferas de atuação, como a do lazer, da participação social, da religião, da família e do trabalho, dentre outras. Em cada uma dessas esferas, o sujeito participa de inúmeras atividades sociais que são estruturantes de seu cotidiano. Na esfera escolar, podemos mencionar as atividades sociais, como participar de reuniões pedagógicas, frequentar as aulas, brincar no intervalo, conversar no corredor, ir a excursões, organizar reuniões de pais, participar de feiras de ciências etc. Na esfera do lazer, podemos citar: ir ao cinema, saltar de paraquedas, andar de bicicleta, ir à balada etc. Já na profissional, temos: participar de reuniões de negócios, fazer uma entrevista de emprego, operar máquinas, escrever um relatório, preparar uma aula, tomar café, entre outras. Na esfera familiar, é possível participar de um almoço de domingo, discutir problemas escolares e arrumar a casa, por exemplo.

As esferas de circulação, segundo Bakhtin (2003), são entendidas como domínios da atividade humana que se organizam em espaços-tempos determinados por características semelhantes. Nesses espaços-tempos, é realizado um conjunto de atividades, nas quais, de acordo com Leontiev (1977), os sujeitos mobilizam diferentes ações para produzir um objeto de desejo que surgiu a partir da busca por suprir uma necessidade. Para fazer isso, esses sujeitos lançam mão de múltiplos artefatos que estão disponíveis em sua comunidade e, com base nas regras e por meio da divisão de trabalho, engajam-se na criação do objeto de desejo.

Sobre isso, podemos dar um exemplo: em um sábado à noite, jovens se sentem entediados e com vontade de se encontrar para algum tipo de diversão. Um deles decide ligar e convidar outro para ir ao cinema. Eles discutem sobre possíveis filmes e demais colegas a serem convidados. Combinam quem enviará uma mensagem pelo aplicativo WhatsApp aos outros e decidem quais opções de salas de projeção e filmes oferecerão como possibilidades. Durante a conversa pelo aplicativo, consultam alguns sites para ver quais filmes estão no ar e em que locais estão passando. Os jovens combinam o local e decidem o horário do encontro. Ao se encontrarem, discutem sobre a compra de ingressos, de pipoca, de refrigerante e de balas. Ao entrar na sala de projeção, também debatem sobre quem senta ao lado de quem e muitas brincadeiras acontecem. Ao final do filme, o grupo avalia sua qualidade, rapidamente posta no Facebook alguns comentários sobre isso e decide ir a um restaurante jantar. Lá, conversam sobre o filme a que assistiram, do que mais gostaram, do que não gostaram e comparam-no a outros com os mesmos atores ou do mesmo diretor. Discutem também sobre outras possíveis saídas e outros filmes que poderiam assistir, conversam sobre temas variados e organizam-se para voltar para casa.

Essa narração constitui um exemplo de atividade que une uma série de ações, tais como: telefonar ao colega, decidir o filme e o local, enviar mensagens via WhatsApp, encontrar-se no cinema, comprar guloseimas, escolher os assentos, avaliar o filme, postar comentário no Facebook, resolver sobre o jantar, conversar sobre a vida durante o jantar, organizar o retorno para casa. Em cada uma dessas ações, um conjunto de gêneros orais e escritos assumiu o papel de artefato, constituindo a atividade e permitindo que os sujeitos pudessem realizar seu objeto de desejo: divertir-se com os amigos em um sábado à noite.

Neste ponto, levantamos a questão: como uma aula de língua inglesa pode contribuir de modo a preparar os aprendizes para situações similares à apresentada, utilizando o inglês como um novo artefato, como uma ampliação de possibilidades de interação?

Nas várias esferas, circulam gêneros em um sistema conjugado para atender às demandas de certo grupo social. Esses gêneros são produzidos por agentes com papéis sociais determinados e com diversidade de interesses e de perspectivas, circulam em alguma atividade e criam um sistema responsável por formação, transformação e manutenção dessas atividades. Os gêneros, como apontado por Bakhtin (2003), são formas relativamente estáveis, caracterizadas pelo conteúdo temático, pela estrutura composicional e pelo estilo. A vontade enunciativa ou intenção do interlocutor, a necessidade temática, os participantes da interlocução e a esfera em que estão situados definem sua escolha.

Organizar o currículo por meio de atividades sociais, mais do que apenas trabalhar com gêneros, pressupõe considerar o conjunto de gêneros inter-relacionados que interagem uns com os outros em determinado contexto (BAZERMAN, 1994). É preciso, nesse caso, refletir não apenas sobre a apropriação de um gênero e de suas características enunciativas, discursivas e linguísticas como também sobre a forma como diferentes gêneros em um sistema articulam-se para o alcance do objeto de desejo da atividade. Assim, é central pensar nas regras, na comunidade, na divisão de trabalho entre os diferentes sujeitos da atividade, nos papéis que os sujeitos assumirão, no objeto em construção e, fundamentalmente, nos instrumentos mais adequados ao contexto.

Logo, ensinar diferentes mecanismos que constituem o material verbo-visual de um enunciado, que se realiza na forma de determinado gênero, torna-se fundamental, não por serem eles simples aspectos da estrutura da língua, mas sim pelos efeitos de sentido que criam no contexto em que são empregados.

Os aspectos linguísticos – como mecanismos conversacionais, verbo-temporais, lexicais, de distribuição de voz, de proferição, de coesão nominal, de valoração, de conexão, de pontuação etc. – permitem, por um lado, dar a base material que sustenta escolhas para a construção do enunciado em consonância com demandas contextuais. Por outro lado, o modo de planificação do texto e as formas organizativas predominantes – foco narrativo, argumentativo, descritivo, explicativo, entre outros –, de acordo com o objetivo da ação em foco, permitem organizar o discurso para alcançar o objetivo enunciativo dentro do contexto específico em que está situado.

Com esse pressuposto, organizar o currículo exige transformar a sala de aula em um palco no qual *performances* da vida real sejam encenadas. Trazer a vida real para a sala de aula é transformar o espaço de aprender em um espaço de brincar, nos termos de Vygotsky (1998), no qual a imaginação possibilite que os alunos superem suas limitações e desconhecimentos e que as regras surjam como base conceitual para orientar a participação engajada nas atividades. A contradição regra-imaginação permite aos aprendizes agirem além de suas possibilidades imediatas na construção de futuros possíveis, sem descartar as múltiplas formas de conhecimento necessárias e disponíveis à vida e levando em conta a criatividade de cada um dos participantes. Conforme sugere Holzman (2009), esse brincar, entendido como *performance*, torna-se um espaço em que o sujeito pode ser o que ele não é. Pela *performance*, é possível a criação de quem o sujeito quer tornar-se.

No contexto de organização curricular do trabalho com língua inglesa por meio de atividades sociais como formas de brincar que se realizam como *performances* de viver, os aprendizes vivenciam *perejivanie*, ou seja, experiências cognitivas emocionalmente relevantes que lhes oferecem a chance de transformação para além de suas possibilidades imediatas. Ao brincar em atividades sociais e vivenciar *perejivanie* nas aulas de inglês, os alunos vivenciam situações fora dos muros da escola e desenvolvem-se não somente por terem aprendido uma língua como novo instrumento para tomar parte em atividades na vida real como também por participarem de situações nas quais a língua é aprendida e utilizada como um instrumento que constrói em parceria com o outro e gera novas possibilidades de ser.

Internalizar instrumentos na e para a participação de atividades vai, no entanto, além da aprendizagem de estruturas, vocábulos e textos. Quando o aluno participa de uma atividade como "fazer uma pesquisa", por exemplo, entra em contato com diferentes tipos de textos verbais, não verbais ou verbo-visuais – como reportagens, gráficos, charges e palestras. Ele pode fazer sua pesquisa por meio de livros, computadores, celulares e entrevistas e encontrar afirmações semelhantes ou divergentes a respeito de um mesmo assunto.

Diante dessa variedade, é fundamental considerar que o letramento vai além do processo de alfabetização que engloba aprendizagem da relação som/letra ou leitura e escrita com foco em aspectos estruturais. Segundo Rojo (2012), há necessidade de a escola pensar em novos letramentos que emergem na sociedade contemporânea, seja ou não pelo avanço das novas tecnologias, bem como na diversidade de culturas que estão presentes na sala de aula do mundo globalizado.

Considerando os novos letramentos e a variedade cultural, The New London Group (2000) desenvolveu a perspectiva dos multiletramentos, que se opõe à ideia de que a língua é um sistema estável e baseado em regras fixas. Para esse grupo, o trabalho com diferentes linguagens, discursos, estilos e abordagens pode propiciar aos alunos ganhos metacognitivos e metalinguísticos, bem como instrumentos para a reflexão crítica sobre as mudanças nas mídias de comunicação. Ao produzir material para as aulas de inglês por meio de atividades sociais e na perspectiva dos multiletramentos, é necessário pensar no que trabalhar e como organizar. Os três conceitos centrais que abordam o que trabalhar são: o uso das múltiplas mídias, a multimodalidade e a multiculturalidade.

As múltiplas mídias englobam uma ampla variedade de artefatos que apresentam, organizam, dirigem, materializam e institucionalizam conteúdos, podendo ser utilizadas para seu consumo ou

Múltiplas mídias: Ampla variedade de artefatos, que apresentam, organizam, dirigem, materializam e institucionalizam conteúdos (GRUPO LACE).

produção. Em aulas de inglês, por exemplo, os alunos podem ler um texto e fazer um exercício no computador, no celular ou no livro, consumindo conteúdos, ou podem utilizar o celular para gravar uma entrevista e tirar fotos. Os conteúdos são produzidos a partir de assuntos abordados em sala de aula. A multiplicidade de mídias não corresponde apenas às mídias digitais; a lousa, o livro e o caderno também são considerados mídias.

Multimodalidade: Integração de variados modos para construir significado: materialidade verbal, imagens, espaço, som, postura, cores, dentre outros (THE NEW LONDON GROUP, 1994).

A multimodalidade é a integração de variados modos – visuais, espaciais, auditivos, posturais etc. – para construir significado. Se pensarmos na música, por exemplo, a letra, a divisão rítmica, o compasso, a batida, a intensidade, a harmonia e a melodia, em conjunto, causam uma reação naquele que a ouve. Jewitt (2009) aponta que a multimodalidade ressalta a importância de compreensão e análise do repertório de significados, formados pelos recursos socialmente moldados ao longo do tempo e culturalmente compartilhados dentro de determinada comunidade. Também evidencia que as pessoas usam esse repertório para orquestrar significados a partir de seleções e configurações específicas que realizam. Quantas vezes não ouvimos alguém dizer que uma música em língua estrangeira é linda quando, na verdade, a letra trata de coisas ruins? Isso acontece porque a construção de significado acontece pela seleção de modos não verbais; a letra, escrita/falada em um código que não é compartilhado pelos interlocutores, não corrobora para essa construção.

Multiculturalidade: Diversidade de modos de conhecimento que se relacionam, cruzam fronteiras e criam novos saberes e fazeres, a saber: conceitos científicos e não científicos, locais e globais, tradicionais e alternativos (SANTOS, 2008).

A multiculturalidade é a diversidade de modos de conhecimento – científicos e não científicos, locais e globais, tradicionais e alternativos – que se relacionam, cruzando fronteiras e criando novos saberes e fazeres. Segundo Santos (2008), alguns cientistas acreditam que, para transformar o mundo, a diversidade epistemológica e as diferentes culturas devam ser consideradas como expressão das várias maneiras de compreendê-lo. O autor ainda afirma que é fundamental conhecer o contexto no qual o conhecimento está sendo produzido para medir e aumentar a diferença que ele pode trazer. Desse modo, é necessária uma abertura à pluralidade de modos de saber e às novas formas como se relacionam, cruzando fronteiras entre os diferentes tipos de conhecimento, sem considerar um melhor ou mais importante que o outro. Nas aulas de inglês, é importante considerar os conhecimentos trazidos pelos alunos e escolher materiais que possibilitem visões diferentes, propondo discussões que impulsionem o diálogo e a relação das várias culturas.

Ao tratar da pedagogia dos multiletramentos, o New London Group (2000) discutiu quatro componentes a serem considerados para sua organização. Esses quatro componentes – prática situada, instrução evidente, enquadramento crítico e prática transformada – respondem à pergunta sobre como organizar o trabalho didático.

A prática situada corresponde à experiência, à imersão. É a conexão entre os conteúdos estudados na escola e as experiências práticas que os alunos têm dentro e fora dela. Pressupõe que alunos e professores vivenciem uma imersão em práticas significativas e relevantes em suas comunidades, compreendendo a importância da multiculturalidade para a produção de conhecimento. Nesse sentido, como aponta o New London Group (2000), o currículo recorre a experiências prévias e atuais dos aprendizes. Com isso, pode haver rompimento com práticas rotineiras que veem nos conhecimentos científicos uma fonte de verdades absolutas e desconsideram os conhecimentos cotidianos dos alunos.

Prática situada: Conexão entre os conteúdos estudados na escola e as experiências práticas que os alunos têm dentro e fora dela.

Já a instrução evidente é a conceitualização, a explicitação analítica da base conceitual. No entanto, ela não corresponde à memorização ou à transmissão direta de teorias, mas sim a intervenções significativas que criam espaços para que os alunos reflitam e internalizem conceitos e teorias em sua relação com outros conhecimentos, compreendendo como podem organizar sua prática em atividades reais.

Instrução evidente: Explicitação analítica da base conceitual.

O enquadramento crítico diz respeito à análise e implica no domínio crescente sobre a prática (situada), o controle e a compreensão consciente (instrução evidente) de questões históricas, sociais, culturais, políticas, ideológicas e centradas em valores de determinado sistema de conhecimento e de prática social (THE NEW LONDON GROUP, 2000). Nesse componente, o aluno analisa as funções do conhecimento e os questiona, posicionando-se criticamente frente a uma situação, um objeto, de forma consciente.

Enquadramento crítico: Análise das funções do conhecimento, questionando criticamente, para posicionar-se em relação a ele.

Por fim, a prática transformada é a aplicação, ou seja, a volta à experiência da prática situada de modo transformado. Trata-se da aplicação de conhecimentos na complexa diversidade de situações no mundo real. É o momento no qual o aluno pode demonstrar como cria, reflete e realiza novas práticas, considerando seus objetivos e valores, aplicando e revisando o que aprendeu. Esse componente possibilita uma avaliação contextualizada e situada dos alunos e de seu processo de aprendizagem.

Prática transformada: Aplicação de conhecimento na complexa diversidade de situações no mundo real.

1.3 PROPOSTAS: COMO PREPARAR

A organização curricular por meio de atividades sociais pressupõe refletir sobre o que constará no currículo a ser trabalhado, considerando a realidade dos alunos e partindo de suas necessidades para traçar quais atividades sociais serão mais relevantes na abordagem.

Em um contexto em que alunos estão se tornando eleitores (já que podem votar a partir dos 16 anos) e podem participar de decisões fundamentais sobre o futuro do país, do Estado e da nação de forma analítica, crítica e informada, o acesso a informações de forma ampla se faz fundamental. A leitura de temas sobre as eleições nacionais na impressa internacional oferece importante subsídio para a constituição crítica de uma base de informações sobre fatos, dados, características de eventos e de candidatos no Brasil. Ver como as eleições são apresentadas, tratadas e discutidas fora do país oferece uma percepção multicultural do próprio espaço e permite a construção de novas possibilidades de entender e posicionar-se.

Na proposta que apresentamos, algumas estratégias podem ser utilizadas para a organização curricular com base em atividades sociais e pautada na perspectiva dos multiletramentos. Primeiramente, é necessário fazer a descrição de como a atividade social – no caso, acompanhar notícias internacionais sobre eleições – ocorre na realidade. Essa descrição permite que educadores e alunos possam compreender em que tipo de atividade social podem participar, como podem tomar parte, com qual finalidade, que artefatos construídos no espaço escolar (gêneros e conhecimentos advindos de diferentes áreas) podem utilizar, que tipo de regras podem perceber e construir.

A partir da percepção mais geral da atividade social e do sistema de gêneros que a constitui, passa-se para a descrição dos aspectos enunciativos, discursivos e linguísticos que são mobilizados na participação efetiva nesse contexto. Com essa descrição, é possível traçar metas de aprendizagem que alunos e educadores podem ter ao preparar e participar das tarefas didáticas durante o bimestre. Traça-se, assim, o quadro daquilo que se pretende construir.

Na sequência, é preciso pensar em como organizar a proposta didática para a realização do trabalho em sala de aula com essa atividade social. Para isso, a questão inicial está relacionada a encontrar o que constituirá o material para a elaboração da proposta, considerando questões de multimodalidade, multiculturalidade e multimídia. Finalmente, para trabalhar de forma crítica e transformadora o universo do cotidiano (além dos muros da escola), sem deixar de conectá-lo aos múltiplos conhecimentos científicos ou não acumulados historicamente, é essencial considerar as tarefas que podem inserir os aprendizes na prática situada, trabalhar com a ecologia de saberes em uma instrução evidente, questionar o universo de conhecimentos disponíveis e suas relações com a vida a partir do enquadramento crítico e oferecer oportunidades a alunos e educadores de retornarem à realidade para alterá-la de modo coerente, relevante e crítico em tarefas de prática transformada.

A seguir, essas propostas são exemplificadas também em relação à atividade social em que se acompanha "notícias internacionais sobre eleições". Os quadros abaixo não pretendem esgotar as possibilidades de preenchimento e opções. Partem de experiências feitas pelos pesquisadores do grupo de pesquisas Linguagem em Atividades no Contexto Escolar (LACE) em ambientes de formação de educadores e aprendizes.

Quadro 1.1 – Componentes da atividade social sobre acompanhar notícias internacionais acerca das eleições

Sujeitos	Leitores brasileiros em busca de notícias internacionais sobre o Brasil, equipe de jornalismo.
Comunidade	Políticos, leitores internacionais, possíveis interlocutores interessados no tema, imprensa nacional.
Objeto	Informação sobre as eleições no Brasil a partir de perspectivas internacionais.
Instrumentos/ sistema de gêneros	Apresentação de fatos e dados sobre as eleições por jornalistas em páginas da internet ou na TV, notícias sobre eleições, conversas sobre as eleições com base em notícias, chamadas em abertura de jornais, comentários sobre notícias eleitorais.
Instrumentos/ conhecimento das diferentes áreas	História político-partidária brasileira, história recente do Brasil, problemas socioeconômicos brasileiros, biografia de candidatos, análise estatística, fenômeno de massa, ideologia, conceito de eleição e política (*pólis*).
Divisão de trabalho	Leitores brasileiros: leem e comentam as notícias. Equipe de jornalismo: produz e veicula notícias na impressa internacional.
Regras	Apresentar dados legítimos sobre as eleições; posicionar-se nos comentários, considerando as posições dos interlocutores; avaliar sites e canais para ter uma perspectiva crítica da posição a partir da qual a notícia está sendo apresentada.

Quadro 1.2 – Descrição de gêneros focais para desenvolver aspectos enunciativos, discursivos e linguísticos

Gêneros focais	Aspectos enunciativos	Aspectos discursivos	Aspectos linguísticos
Notícias sobre eleições	• Reconhecer e analisar as funções da equipe de jornalismo e de seus interlocutores. • Apresentar e buscar informações recentes referentes às eleições brasileiras e à importância da divulgação no exterior. • Atuar como interlocutor nesse contexto. • Analisar o caráter das informações veiculadas e o meio de veiculação. • Comparar diversas notícias sobre o mesmo assunto, identificando visões distintas.	• Reconhecer, analisar e interpretar criticamente manchete, lide e corpo do texto, com foco em exposição, descrição de ações e traços argumentativos das notícias sobre eleições. • Comparar notícias internacionais e nacionais. • Perceber a ordenação das ações a partir de sua suposta importância para os leitores.	• Reconhecer a presença de declarações de pessoas envolvidas com os fatos das notícias (por exemplo: discurso direto e indireto). • Interpretar marcas de parcialidade na notícia (escolhas lexicais, uso de adjetivação e de modalizadores, posicionamento da informação na sentença). • Perceber o uso de declarações e/ou entrevistas para dar maior credibilidade ao texto. • Compreender o uso do presente para aproximar o fato novo do universo do leitor. • Observar o uso de advérbios e locuções de tempo e lugar para a indicação de momento e local do acontecimento.

(continua)

Quadro 1.2 – Descrição de gêneros focais para desenvolver aspectos enunciativos, discursivos e linguísticos *(continuação)*

Gêneros focais	Aspectos enunciativos	Aspectos discursivos	Aspectos linguísticos
Comentário sobre notícias eleitorais	• Reconhecer e atuar como interlocutor interessado no processo eleitoral no contexto internacional, utilizar informações de notícias para posicionar-se sobre as eleições. • Perceber e analisar criticamente as diferenças de posicionamento entre os interlocutores nacionais e internacionais, as bases de informação desses interlocutores e as fontes dessas informações.	• Identificar, analisar, refletir criticamente e utilizar pontos de vista e suportes. • Reconhecer e construir contra-argumentos, conclusões e possíveis acordos sobre os temas abordados. • Perceber, comparar e utilizar tipos de suporte retirados de diferentes fontes.	• Reconhecer e utilizar marcas de posicionamento: (*I think*, *in my opinion*, *I agree*). • Interpretar marcas de parcialidade na notícia (escolhas lexicais, adjetivação, modalização, posicionamento da informação na sentença). • Utilizar dados e referências às notícias para dar maior credibilidade ao comentário.

Quadro 1.3 – Exemplos de materiais e propostas para o trabalho com o multiletramento

O quê?	
Aspectos multimodais	• Apresentar notícias escritas nas quais a posição, a cor, a perspectiva, a composição e o conteúdo das imagens e os tipos de fonte possam ser analisados em relação ao texto escrito. • Escolher telejornais em que os alunos possam observar a importância do modo como os cortes são feitos, bem como enquadramento, plano e escolha de sons e imagens, para que compreendam como esses modos dialogam para a construção de significados na notícia.
Aspectos multiculturais	• Entrar em sites nacionais e internacionais de diferentes tipos e lugares para observar os vários posicionamentos sobre determinado assunto e discuti-los em sala. • Ler notícias e assistir a telejornais de lugares e canais diferentes (nacionais e internacionais) para analisar se um mesmo episódio é narrado a partir de um mesmo ponto de vista ou de pontos de vista diferentes; deve-se observar se os canais internacionais e nacionais apresentam argumentos diferenciados. • Ler comentários de sites nacionais e internacionais para analisar os pontos de vista de leitores e telespectadores.
Aspectos multimidiáticos	• Celulares e computadores para acessar textos e vídeos em diferentes sites, revistas e jornais nacionais e internacionais que contenham notícias sobre as eleições no Brasil. • Projetor para visualização conjunta de material. • Lousa para organizar os comentários dos alunos. • Rádio para ouvir notícias.

(continua)

(continua)

Quadro 1.3 – Exemplos de materiais e propostas para o trabalho com o multiletramento *(continuação)*

	Como?
Prática situada	Professores e alunos levam notícias sobre as eleições publicadas em jornais brasileiros no período em que ocorreram. Em grupo, os alunos escolhem as notícias que mais chamaram sua atenção e explicam o porquê. O professor pode perguntar aos grupos como e se acham que essas notícias foram ou serão dadas em outros países e a razão disso. Em pequenos grupos, os alunos discutem o tema, considerando o que sabem sobre o gênero *notícia* e o contexto da atividade de *acompanhar notícias*, e montam uma possível *manchete* da notícia escolhida para ser publicada fora do país, considerando o público-alvo.
Instrução evidente	O professor pode apresentar a cada grupo uma notícia diferente em inglês publicada ou veiculada em jornal estrangeiro impresso ou televisivo. Os grupos respondem às questões sobre a natureza da notícia, focalizando os interlocutores, a importância da notícia, o ponto focal da informação, a possível presença de ponto de vista, a importância de citações e declarações e o modo como esses elementos são apresentados em língua inglesa. Os alunos podem montar uma tabela com informações, assim, todos têm oportunidade de comparar o que viram nas diferentes notícias e analisar criticamente as razões. O professor também pode questionar sobre a forma de organização das informações nas notícias, tratando dos aspectos discursivos a partir do reconhecimento e da comparação entre diferentes manchetes, lides e corpos de texto, com foco em formas de exposição, descrição de ações e traços argumentativos. Para isso, diversas tarefas específicas de reescrita de lides e criação de novas manchetes são apresentadas. Além disso, a apresentação de várias notícias sobre um mesmo fato em português é utilizada como base para a criação de notícias com foco no desenvolvimento do texto. Para lidar com questões linguísticas mais especificamente, os alunos podem assistir a uma notícia em vídeo e ler o texto que a acompanha em uma página de internet. Durante a leitura, precisam reconhecer e classificar escolhas lexicais que dirijam o leitor para a perspectiva que a equipe de jornalismo deseja construir. Eles podem listar palavras por sua classificação morfológica e pelo efeito de sentido que criam no texto. Com base nessa lista, revisam seus textos iniciais para dar maior impacto ao sentido que queriam construir no texto ou que fizeram na tarefa da prática transformada. Para trabalhar com as declarações nas notícias, os alunos buscam exemplos e reconhecer as várias formas multimodais. Também discutem o efeito de sentido decorrente das escolhas a partir do debate do em pequenos grupos dos exemplos e depois da classe.

Quadro 1.3 – Exemplos de materiais e propostas para o trabalho com o multiletramento *(continuação)*

	Como?
Enquadra-mento crítico	Para tomar posição frente às leituras e compreender que acompanhar notícias não é necessariamente uma atividade passiva, já que envolve responsividade, os alunos podem ler e avaliar os comentários de notícias sobre eleições brasileiras feitos em sites, jornais e revistas internacionais. Após avaliação crítica e estudo do gênero comentário sobre notícias, os alunos são convidados a brincar de debater as notícias lidas, em pequenos grupos, apresentando os pontos de vista sustentados nelas. Também podem discutir a qualidade da informação nos comentários e as possíveis réplicas.
Prática trans-formada	Como parte da prática transformada, os alunos são convidados a entrar em sites nacionais e internacionais para ler notícias sobre as eleições brasileiras. Em grupos, comparam essas notícias e as informações nelas veiculadas. Avaliam como essas informações foram mostradas, para quem, por quem, com qual finalidade e por quais meios. A partir dessa multiplicidade de visões, alunos podem criar comentários e postar nos sites em português e em inglês, traçando paralelos entre as informações recebidas nos diferentes sites.

PARA FINALIZAR

Neste capítulo, foi discutido como trabalhar com um currículo organizado por meio de atividades sociais em uma perspectiva de multiletramentos. Apontamos a importância de o professor realizar um estudo, com os aprendizes, de quais atividades da vida real, dentro e fora da escola, necessitam da língua inglesa. A partir desse levantamento e tendo em vista o conteúdo curricular programático, são pensadas as atividades sociais a estruturar a base do currículo de cada ano.

A fim de preparar os aprendizes para a vida e não apenas para a apropriação e o conhecimento de determinado gênero, os professores precisam compreender a constituição dessas atividades e seus componentes para trabalhá-los. A partir daí, lançam mão do sistema de gêneros que circulam na atividade para oferecer aos aprendizes a oportunidade de entender em que contextos de participação podem inserir-se. Também discutem com os alunos os aspectos enunciativos, discursivos e linguísticos que compõem cada um dos gêneros e escolhem os objetivos a serem desenvolvidos com cada um deles.

Após decidirem sobre o conteúdo a ser trabalhado, os professores passam a pensar nas formas de trabalho e consideram como múltiplas perspectivas sobre os temas em desenvolvimento podem ser abordadas (multiculturalidade), preocupam-se com as formas de representação (multimodalidade) que são exploradas no desenvolvimento das tarefas e com as múltiplas mídias que podem auxiliar no desenrolar da aula. Tendo essa base, passam a trabalhar com o modo de organizar as propostas didáticas: abordagem do tema em questão a partir da vida dos alunos (prática situada), desenvolvimento efetivo de formas criativas de apropriação de saberes múltiplos sobre esses temas (instrução evidente), colocação de questionamentos críticos sobre o modo como esses saberes podem ser avaliados em sua relação com os contextos de vida (enquadramento crítico) e, finalmente, efetiva atuação dos alunos a partir daquilo que aprenderam em um retorno à realidade de forma transformada (prática transformada).

REFERÊNCIAS BIBLIOGRÁFICAS

BAKHTIN, M. **Estética da criação verbal**. São Paulo: Martins Fontes, 2003.

BAZERMAN, C. Systems of genres and the enactment of social intentions. In: FREEDMAN, A.; MEDWAY, P. **Genre and the new rhetoric**. London: Taylor and Francis, 1994. p. 67-85.

HOLZMAN, L. **Vygotsky at work and play**. New York: Routledge, 2009.

JEWITT, C. (Ed.). **The Routledge handbook of multimodal analysis**. London: Routledge, 2009.

LEONTIEV, A. N. **Activity and consciousness**. Moscou: Vaprosy Filosofii, 1977. Disponível em: <www.marxists.org/archive/leontev/works/1977/leon1977.htm>. Acesso em: 11 jun. 2003.

LIBERALI, F. C. **Atividade social nas aulas de língua estrangeira**. São Paulo: Moderna, 2009. v. 1.

LIBERALI, F. C. (Org.). **Inglês**. São Paulo: Blucher, 2012. (Coleção A Reflexão e a Prática no Ensino, v. 2)

MARX, K.; ENGELS, F. **A ideologia alemã**: teses sobre Feuerbach; Karl Marx; Friedrich Engels. 9. ed. São Paulo: Centauro, 2006.

THE NEW LONDON GROUP. A pedagogy of multiliteracies: designing social futures. In: COPE, B.; KALANTZIS, M. (Ed.). **Multiliteracies**: literacy learning and the design of social futures. London: Routledge, 2000. p. 9-32.

NEWMAN, F.; HOLZMAN, L. **Lev Vygotsky**: cientista revolucionário. São Paulo: Loyola, 2002.

PRETINI, A. Jr.; LIBERALI, F. C. Agir na vida que se vive nas aulas de língua inglesa: o desenvolvimento de capacidades de enunciação performático-agenciais. In: TONELLI, J. R. A.; CHAGURI, J. de P. (Org.). **Espaço para reflexão sobre ensino de línguas**. Maringá: Eduem, 2014. p. 177-197. v. 1.

ROJO, R.; MOURA, E. (Org.). **Multiletramentos na escola**. São Paulo: Parábola, 2012.

SANTOS, B. S. **A gramática do tempo**: para uma nova cultura política. São Paulo: Cortez, 2008.

VYGOTSKY, L. S. **A formação social da mente**. São Paulo: Martins Fontes, 1998.

Sugestões de leitura

BRASIL. Ministério da Educação. Secretaria de Educação Fundamental. **Parâmetros Curriculares Nacionais**: 3º e 4º ciclos do Ensino Fundamental: língua estrangeira. Brasília, DF, 1998.

COPE, B.; KALANTZIS, M. **Multiliteracies**: literacy learning and the design of social futures. London: Routledge, 2000.

ENGESTRÖM, Y. Non scolae sed vitae dsicimus: como superar a encapsulação da aprendizagem escolar. In: DANIELS, H. **Uma introdução a Vygotsky**. São Paulo: Loyola, 2002. p. 175-197.

HOLZMAN, L. Vygotsky's zone of proximal development: the human activity zone. Presentation to the Annual Meeting of the American Psychological Association. Chicago, ago. 2002.

_____. **Performance**. [S.l.]: Lois Holzman, 2008. Disponível em: <http://loisholzman.org/performance/>. Acesso em: 20 abr. 2016.

KALANTZIS, M.; COPE, B. Multiliteracies in education. In: CHAPELLE, C. A. (Ed.). **The encyclopedia of applied linguistics**. Hoboken: Wiley-Blackwell, 2013. p. 1-6.

PÉREZ GÓMEZ, A. I. **La cultura en la sociedad neoliberal**. Madrid: Morata, 2000.

RESNICK, L. B. Learning in school and out. **Educational Researcher**, Washington, DC, v. 18, n. 4, p. 13-20, 1987.

SANTOMÉ, J. T. **A educação em tempos de neoliberalismo**. Porto Alegre: Artmed, 2003.

SÃO PAULO (Cidade). Secretaria Municipal de Educação. **Orientações curriculares e proposição de expectativas de aprendizagem para o Ensino Fundamental**: ciclo II – língua inglesa. São Paulo, 2007.

Letramento crítico multimodal nas aulas de inglês

Danielle Gazzotti

Maurício Canuto

2.1 INTRODUÇÃO

As rápidas mudanças provocadas pela globalização e pelo desenvolvimento crescente de novas tecnologias no ensino de inglês, por exemplo, trouxeram um novo sujeito que se constitui neste novo tempo/espaço tecnológico, em que uma multiplicidade de modos intermedeia sua relação com o mundo e com os demais sujeitos. Com isso, também na área da educação, os educadores estão sendo constantemente instigados a promover práticas de ensino que dialoguem com esse novo sujeito, que aprende multidimensionalmente. Dessa maneira, além de se ter em mente um processo de ensino-aprendizagem, pensa-se também no surgimento de novos (e multi) letramentos.

2.2 LETRAMENTO CRÍTICO MULTIMODAL

Este item está dividido em três partes: "Entendendo a multimodalidade e a sua natureza", "Entendendo o letramento crítico" e "Letramento crítico e multimodal".

Na primeira seção, contextualizamos o surgimento do termo multimodalidade a partir da Linguística. Embora o conceito já exista e faça parte de nossa vida cotidiana, aprofundamos a compreensão desse termo, partindo da formação lexical da palavra e caminhando para estudos mais teóricos, como os realizados por Kress (2009). O perfil do leitor atual é ressaltado, bem como a importância de uma perspectiva sócio-histórico-cultural para compreender o letramento crítico multimodal. Os conceitos de multimodalidade e multissemiose são brevemente mencionados para colaborar na elaboração da discussão e nas possibilidades que essa abordagem traz para o ensino-aprendizagem de língua inglesa.

Na segunda seção, discorremos sobre o letramento crítico, mostrando como pesquisas sobre leitura e escrita tomam um papel central nas investigações realizadas no campo da linguística aplicada. A visão de alguns autores como Chartier (1998, 2001), Rojo (2003) e Kalantzis e Cope (2006) sobre letramento são brevemente apresentadas ao longo da discussão central. Lemos e Cunha abordam o ensino de inglês com base nos estudos das mídias na educação.

A terceira seção retoma e amplia o conceito de multimodalidade, em comparação a outras abordagens para o ensino-aprendizagem de língua inglesa. O objetivo é compreender melhor as novas e diferentes possibilidades viabilizadas por essa perspectiva para o processo de ensino-aprendizagem de língua inglesa.

Por fim, ilustramos a teoria aqui discutida com um exemplo de atividade que pode ser trabalhada com o 2º ano do Ensino Médio.

2.2.1 Entendendo a multimodalidade e a sua natureza

Um breve olhar para as atuais práticas sociais globalizadas apontam para múltiplas formas de compreensão e de representação da realidade, que se materializam em formas e mídias múltiplas. Estamos inseridos em um mundo de multimodalidades. Em um simples andar pelas ruas, por exemplo, entramos em contato com os mais diferentes modos de compreensão do mundo. Vemos placas de trânsito, diferenciamos e interpretamos significados a partir de cores no semáforo, escutamos vendedores ambulantes apresentando seus produtos, ouvimos notícias sobre acontecimentos recentes no rádio, assistimos a cenas de novela ou jornal na televisão etc. De forma simples e automática, interpretamos todas essas informações veiculadas por meio de diferentes *modos* de maneira visual, auditiva, sensorial, dentre outras. Pequenos fatos do cotidiano como esses mostram a natureza multimodal da comunicação social (KRESS, 2009).

O prefixo "multi" liga-se a muitas palavras do processo de ensino-aprendizagem, como multilinguismo, multimídia, multimodalidade, multiletramento e multidisciplinariedade. Ao adicionarmos esse prefixo, surge uma nova palavra e, simultaneamente, uma escolha (GAZZOTTI; LIBERALI, 2014) – não há mais uma única visão da realidade, como antigamente postulada pela perspectiva positivista. Atualmente, somos incentivados a lidar com uma realidade composta de múltiplas situações, problemas, pessoas, etc., ou seja, uma pluralidade de devires imediatos. Dado esse contexto histórico atual de intensa globalização, tornou-se indispensável reconhecer a variabilidade de convenções de significados existentes na multiplicidade de situações socioculturais com as quais jovens e crianças interagem.

Partindo da compreensão de *modo* como uma ferramenta semiótica social elaborada para a produção de sentidos e significados (KRESS, 2009) e do pressuposto de que diferentes *modos* possibilitam uma variedade de formas na produção desses significados, os *modos* escolhidos no momento da comunicação por seus interlocutores interferem diretamente na maneira pela qual o enunciado é interpretado e, consequentemente, compreendido. Santaella (2004) aponta que o leitor do século XXI possui aptidões perceptivo-cognitivas muito diferentes do leitor do século passado. Canuto (2009), discutindo essa ideia de Santaella, esclarece que o novo perfil do leitor inserido em práticas sociais globalizadas condiz com as demandas e com o acúmulo de informações que são despejados pelos espaços multimídias de informações instantâneas. Esses espaços podem ser definidos como diferentes plataformas, em que leitores imersos navegam e interagem de uma tela a outra ou como mídias que se interconectam.

As práticas de comunicação social, bem como suas formas, são constantemente modificadas e evoluídas, como fruto de seus contextos histórico-sociais. A gramática é um instrumento concreto que bem ilustra essa constante evolução, já que contém regras estáticas e gerais de uma linguagem que está sendo atemporalmente ressignificada por seus falantes.

Apesar das diferenças entre gramática normativa, língua falada e línguas entre si, Kress (2009), por exemplo, acredita na existência de *princípios semióticos* comuns a todos os sujeitos. Um desses princípios explicaria que, por meio de uma variedade de meios e modos, os sujeitos explicam seus interesses de maneira relacional. A produção de um enunciado é imediatamente interpretada por um interlocutor a partir das ferramentas semióticas sócio-histórico-culturais que tem disponível, ou seja, a partir da sua experiência na cultura e na convivência com demais *multissujeitos* desse mesmo contexto. Assim, a compreensão do enunciado não é puramente linguística, mas também semiótica, social, comunicacional, temporal, relacional e multiconstitucional, sendo apenas passível de interpretação a partir da interação entre os sujeitos, visto que é de natureza multimodal.

Em termos de temporalidade, a gesticulação e a entonação, por exemplo, são *expressões multimodais* suscetíveis a alterações em relação ao tempo e ao espaço de produção do enunciado. Segundo Bakhtin (2003), ao falarmos ou escrevermos, temos em vista um interlocutor e um intuito discursivo. Ao ler um texto, por mais que a sintaxe e a entonação aproximem-se ao máximo da intenção que o autor tentou transparecer no momento da escrita, muitas vezes não é possível ser tão verossímil como seria com a presença de outros *modos* ou de *multimodos*.

Compartilhando dos preceitos da perspectiva sócio-histórico-cultural (VYGOTSKY, 1984; LEONTIEV, 1977; BAKHTIN; VOLOCHÍNOV, 2009; BAKHTIN, 1981), Kress (2009) ainda complementa que, embora alguns princípios semióticos sejam comuns aos homens, a cultura exerce grande influência na compreensão desses princípios. Um gesto que pode ser considerado uma gentileza em uma cultura, pode representar exatamente o oposto em outra, de forma que o contexto cultural torna-se crucial para a compreensão dos enunciados dos sujeitos.

Compreendemos, então, que a multimodalidade envolve a comunicação por diferentes *modos*, subjetivos às características sociais, históricas, culturais, semióticas, temporais e linguísticas em que ocorre. Rojo (2012) esclarece que essa concepção de múltiplas formas de compreensão e de representação da realidade tem sido chamada *multimodalidade* ou *multissemiose* dos textos contemporâneos, exigindo multiletramentos. Para melhor compreensão, esses conceitos são brevemente explicados a seguir:

- Multimodalidade é a junção de imagens estáticas (em movimento) com áudio, cores e links em ambientes digitais e impressos. A ampliação desse conceito vem da diversidade da semiose encontrada, hoje, nas mídias. Tem diferentes usos: visual (imagens), sonoro (sons), verbal (línguas).

- Multissemiose marca a sociedade contemporânea, uma vez que é compreendida como sistema de reconhecimento automático de voz, letreiros luminosos, *outdoors*, panfletos, jornais com fotos, hipertextos, mangás, *emoticons* e outros elementos imagéticos e sonoros que fazem parte de nossas vidas diárias, de uma forma ou de outra.

Tendo compreendido tais conceitos, evidencia-se que uma abordagem multimodal torna-se ainda mais rica e significativa se pensarmos no ensino de inglês como segunda língua. É sabido que professores de segunda língua e/ou língua estrangeira comumente utilizam imagens, canções, vídeos, poesias, entre outros recursos como ferramentas facilitadoras da compreensão da língua estudada. Muito antes de se falar em multimodalidade, professores de inglês já recorriam a ela, utilizando diferentes ferramentas para colaborar na construção de conhecimento de seus alunos.

Pensemos na linguagem visual, por exemplo. O uso de imagens nas aulas de inglês é, certamente, um dos recursos que mais facilita a compreensão de novos significados. O professor pode explicar de diversas maneiras o significado de um substantivo novo a seus alunos e, ainda assim, não ter garantia de que todos compreenderam seu significado. Ao levar a imagem para a turma, muitas vezes, a dúvida é esclarecida. Para Kress (2009), a linguagem visual é de fundamental importância, visto que constitui um meio real de codificação das experiências dos sujeitos e de suas interações sociais, além de ter seus próprios meios de expressão semiótica que não são os mesmos da comunicação verbal. Em outras palavras, ao olhar para uma imagem, o aluno a associa a suas vivências na sociedade e na cultura, conseguindo atribuir um significado a ela a partir de suas experiências e do contexto estabelecido em sala de aula.

Apesar de a linguagem visual assumir esse papel tão importante no ensino de língua estrangeira, nem sempre seu uso exclusivo dá conta de fazer com que os alunos compreendam o que está sendo abordado. Isso nos faz voltar para a importância dos *multimodos* no processo de ensino-aprendizagem. Para Kress e Van Leeuwen (1998), por exemplo, a linguagem verbal e a visual são sistemas semióticos que os sujeitos utilizam para codificar e relacionar suas experiências reais a novos elementos apresentados. Os autores explicam que cada sistema possui uma maneira específica de relacionar o verbal e o visual às vivências de cada sujeito, no processo de produção de novos significados. Às vezes, é mais fácil expressar uma ideia por meio de palavras; outras vezes, é melhor usar imagens. Há casos em que o aluno só consegue compreender um novo conceito com o uso dessas duas modalidades juntas. Isso ocorre porque, além da comunicação verbal, que é a mais utilizada na interação entre os sujeitos, a comunicação visual é uma expressão racional de significados culturais (KRESS; VAN LEEUWEN, 1998).

De forma similar, nem sempre o uso de uma ou outra modalidade se faz suficiente para a construção de novos saberes.

Muitas vezes, construir significados envolve engajar-se fisicamente e de diferentes maneiras na interação com o meio. Os sentidos são de fundamental importância para a comunicação, independentemente da forma com a qual os interlocutores os manipulem ou usufruam deles para esse objetivo. No entanto, para aprendermos uma segunda língua e nos comunicar *nela* e *por ela*, é necessária a vivência nessa língua, que é viabilizada por experiências sensoriais, como a audição, a visão, o tato, o olfato, o paladar. Para Menezes de Souza (2001), esse conjunto de sistemas possibilita diferentes formas de pensar e os sujeitos traduzem, constantemente, significados de um sistema para o outro. É essa habilidade sinestésica, esse conjunto de *modos*, que possibilita que os sujeitos compreendam o mundo.

2.2.2 Entendendo o letramento crítico

O processo de formação leitora e escritora tem lugar central na escola. Tal formação e sua relação com o processo de ensino-aprendizagem são temas cada vez mais abordados em pesquisas acadêmicas, em especial, nas realizadas no campo da linguística aplicada. Como Soares (2001) salienta, cabe à escola pensar em ações que possibilitem que os alunos se envolvam no mundo do texto e descubram o prazer da leitura e da escrita. Segundo Lerner (2006), a escola precisa mostrar diferentes situações nas quais a leitura e a escrita possam ser trabalhadas com propósitos de atingir os diferentes contextos fora da escola. É, assim, importante questionar a recorrente compreensão, revelada por muitos profissionais da área (CANUTO, 2012), de que aprender a ler e a escrever é matéria da disciplina de língua portuguesa (LP). Não é demais reafirmar que professores de todas as áreas são, também, professores de leitura, já que por meio dela os alunos constroem conhecimento na escola e fora dela (SOARES, 2001).

Chartier (1998, 2001) discute o processo de desenvolvimento da leitura como prática social, considerando que envolve diferentes procedimentos, capacidades e objetivos particulares. Nessa direção, Rojo (2003) pontua que capacidades perceptuais (de perceber um discurso, por exemplo, e colocá-lo em contato com outros discursos), práticas (práticas de leitura) e cognitivas (operações inconscientes do leitor, que realiza para atingir algum objetivo de leitura) fazem-se presentes durante o ato de ler e, assim como outras, dependem da situação e das finalidades de leitura. Ainda nessa mesma perspectiva, Rojo (2012), discutindo Kalantzis e Cope (2006), aponta a necessidade de se fazer uma análise da vida contemporânea nas sociedades globa-lizadas, que indiquem suas relações com as práticas de letramen-tos escolares e as decorrências para o que são hoje e para o que poderão ser no futuro.

Com o advento da internet, aprender uma língua estrangeira também está ligada a novas capacidades e procedimentos, pois, por meio da rede de computadores, o estudante passa a ter acesso a modos e contatos diversos com o outro idioma (músicas, filmes, *trailers*, chats, entre outros).

Com base nesse quadro, podemos dizer que "letramento não é pura e simplesmente um conjunto de habilidades individuais; é o conjunto de práticas sociais ligadas à leitura e à escrita em que os indivíduos se envolvem em seu contexto social" (SOARES, 1998, p. 72). Então, podemos dizer que as práticas de letramento que exercemos nos diferentes contextos de nossas vidas constituem nosso desenvolvimento de leitura e escrita.

Segundo Street (1993, p. 5), a concepção de letramento *versus* alfabetização trouxe duas novas denominações de enfoque do letramento: *autônomo* e *ideológico*. Para o autor, o enfoque *autô-nomo* vê o letramento "em termos técnicos, tratando-o como independente do contexto social, uma variável autônoma cujas consequências para a sociedade e a cognição são derivadas de sua natureza intrínseca". Na contramão, o enfoque *ideológico* "vê as práticas de letramento como indissoluvelmente ligadas às estru-turas culturais e de poder da sociedade e reconhece a variedade de práticas culturais associadas à leitura e à escrita em diferen-tes contextos". Esse panorama é necessário para destacarmos que o termo *letramento* tem vários significados, pois vem sofrendo influências de diferentes fontes acadêmicas e bases epistemoló-gicas e está ligado a culturas e tempos diferentes. É importante ressaltar que aqui entendemos letramento como discutido e dis-tinguido por Kleiman, que se opõe à alfabetização. Para saber mais e cotejar duas posições distintas, consultar Kleiman (1995) e Soares (1998).

Ainda tentando distinguir os níveis de letramento, Soares (1998) com base em Street (1984) acredita na existência de uma versão *fraca* e uma *forte* do conceito de letramento. Para a autora:

> *A versão fraca do conceito de letramento, que estaria ligada ao enfoque autônomo, é (neo)liberal e estaria ligada a mecanis-mos de adaptação da população às necessidades e exigências*

> *sociais do uso de leitura e escrita, para funcionar em sociedade – alfabetismo funcional. [...] já a versão forte do letramento, para Soares (1998), mais próxima do enfoque ideológico e da visão Paulo-freiriana de alfabetização, seria revolucionária, crítica, na medida em que colaboraria não para a adaptação do cidadão às exigências sociais, mas para o resgate da auto-estima, para a construção de identidades fortes, para a potencialização de poderes (empoderamento, empowerment) dos agentes sociais em sua cultura local, na cultura valorizada, na contra-hegemonia global (ROJO, 2009, p. 99-100).*

Sobre isso, Freire afirma: "não basta saber ler 'Eva viu a uva'. É preciso compreender qual a posição que Eva ocupa no seu contexto social, quem trabalha para produzir a uva e quem lucra com esse trabalho" (1991, p. XX). Em uma perspectiva crítica do letramento, não basta dominar o código (instrumento tecnológico), faz-se necessário que o usuário possa considerar possíveis consequências políticas do falante e/ou usuário das práticas de leitura e escrita no mundo, hoje globalizado.

Uma formação escolar que tenha base na versão forte do conceito de letramento favoreceria uma leitura crítica das relações sociais e econômicas (re)produzidas em nossa sociedade. Sendo assim, é responsabilidade da escola conceber a alfabetização e o letramento como fenômenos complexos, compreendendo que são múltiplas as possibilidades de uso da leitura e da escrita na sociedade. Conduzir o trabalho de alfabetização na perspectiva do letramento, mais do que uma decisão individual, é uma opção política, uma vez que estamos inseridos em um contexto social e cultural em que aprender a ler e a escrever é mais do que o simples domínio de uma tecnologia.

No ensino-aprendizagem de língua inglesa sob a perspectiva do letramento crítico, a língua deixa de ser vista como um instrumento de socialização, que o aluno aprende a utilizar para interpretar, expressar e negociar significados, como acontecia na abordagem comunicativa (SAVIGNON, 2001), e passa a ser considerada um instrumento de empoderamento e ferramenta possibilitadora de transformação social, carregando em si um caráter ideológico. O principal objetivo do ensino-aprendizagem de língua estrangeira em uma perspectiva de letramento crítico é o desenvolvimento da consciência crítica.

A abordagem comunicativa, mencionada anteriormente, surgiu na década de 1970 (RICHARDS; ROGERS, 1986) como

uma abordagem nova e revolucionária que mudaria o ensino-
-aprendizagem de língua estrangeira, atendendo às necessidades de uma sociedade cada vez mais globalizada. Essa
abordagem opunha-se a metodologias como a do método
áudio-oral, a da gramática tradicional, a de tradução e outras
tantas utilizadas naquela década. A abordagem comunicativa
foi implementada há mais de trinta anos no Brasil (ALMEIDA
FILHO, 2001).

As novas Orientações Curriculares para o Ensino Médio
propõem o letramento crítico como abordagem para o ensino-
-aprendizagem de língua estrangeira, visto que nela questões
de cidadania e de constituição social dos sujeitos acompanham e veiculam o ensino-aprendizagem de todas as áreas
do conhecimento, justificando, a nosso ver, que seja possível
trabalhar na perspectiva do letramento crítico em aulas de
língua estrangeira.

Opondo-se à sala de aula tradicional, que muitas vezes pouco
está a serviço de uma transformação social, o letramento crítico
envolve o aprendiz, considerando-o protagonista e colaborador
de seu próprio processo de ensino-aprendizagem, ao mesmo
tempo que possibilita a reflexão crítica da cultura e da sociedade
na qual está inserido. O contato com outras línguas e, consequentemente, com outras culturas possibilita a reflexão e o questionamento da própria condição atual de vida do sujeito.

Ao chocar-se e coexistir com a diversidade cultural (multiculturalidade) expressa pelas diferentes linguagens e pelo
sistema linguístico cultural, o sujeito reflete, questiona e trans-
forma-se, ampliando seu olhar para o mundo e conhecendo
novas maneiras de ser e agir nele. Aqui, a *multiculturalidade* é
compreendida como diversidade de modos de conhecimento
que se relacionam, cruzando fronteiras e criando novos saberes
e fazeres: científicos e não científicos, locais e globais, tradicionais e alternativos.

2.2.3 Letramento crítico multimodal

Rojo (2013) chamou nossa atenção para os novos desafios
dos letramentos e das teorias da contemporaneidade, pois
as práticas sociais globalizadas e as múltiplas formas de compreensão e de representação da realidade exigem novas teorias
e perspectivas.

O conceito de multiletramento, discutido no Capítulo 1, aqui é entendido a partir das discussões que foram inicialmente desenvolvidas pelo The New London Group (2000). Esse grupo define tal conceito como "a multiplicidade de linguagens, semioses e mídias envolvidas na criação de significação para os textos multimodais contemporâneos e, por outro, a pluralidade e a diversidade cultural trazidas pelos autores/leitores contemporâneos a essa criação de significação". Segundo os autores do grupo, essa perspectiva de multiletramento teve como base a ideia de que os conteúdos que os estudantes necessitam aprender estão mudando, alinhando-se às mudanças pelas quais o mundo está passando.

Para esse grupo, ensinar e aprender seriam relações que resultariam de uma pedagogia implicada em proporcionar participação plena na vida pública, econômica e comunitária. Pensar os processos de ensinar e aprender desse jeito, equivale a pensar que todas as transformações globais no âmbito da geopolítica têm gerado marcas fortes no papel da escola, criando diversidade cultural e linguística e levantando reflexões sobre a diversidade local e a conectividade global, que exigem negociações diariamente. Liberali et al. (2012) discutem esse novo paradigma, ressaltando que lidar com diferenças culturais e linguísticas tornou-se parte do dia a dia da vida profissional, cívica e particular com a qual a proposta de multiletramento propõe a trabalhar.

As demandas sociais atuais exigiriam, com base no multiletramento, maior engajamento de participação social plena e equitativa. Segundo o The New London Group (2000), ao trabalhar com diferentes linguagens, discursos, estilos e abordagens, os aprendizes têm ganhos importantes em termos metacognitivos e metalinguísticos, bem como em termos de reflexão crítica sobre sistemas complexos e suas interações. Essa definição distancia-se do conceito de letramento (múltiplo) que apenas aponta para a multiplicidade e as variedades das práticas letradas, valorizadas ou não nas sociedades em geral. O conceito de multiletramento faz referência a dois tipos específicos e importantes de multiplicidade presentes em nossas sociedades, principalmente nas urbanas, na contemporaneidade: a multiplicidade cultural das populações e a multiplicidade semiótica de constituição dos textos por meio dos quais ela se insere e se comunica (ROJO, 2012). A proposta com base nos conceitos de multiletramento, multiculturalidade e multimodalidade agrega novos conhecimentos às formas de agir na vida.

2.3 PROPOSTA: LÍNGUA INGLESA

Com base nas ideias apresentadas até aqui, criamos uma proposta por meio da qual vemos a possibilidade de construir um currículo, em que se prevê a formação do leitor/escritor autônomo e competente, capaz de posicionar-se e avaliar a partir de diferentes perspectivas veiculadas nas várias mídias e de questões ligadas a cunhos ideológico, político, histórico, social e cultural. Nesse contexto, a proposta pretende trabalhar com um tema de conhecimentos gerais: a Copa do Mundo de futebol. Para tanto, tem como objetivos gerais: compreender os aspectos envolvidos em realizar a Copa do Mundo, compreender e analisar criticamente os diferentes contextos sócio-histórico- -culturais dos países que realizaram as últimas cinco Copas, expressar opiniões, compreender de forma crítica o conteúdo e o posicionamento assumido pelos interlocutores com base nos recursos utilizados para apresentá-los.

Para exemplificar, elaboramos uma pequena sequência de tarefas relacionadas à realização da Copa do Mundo. Iniciamos com uma reflexão sobre diferentes países e suas respectivas línguas e culturas e desenvolvemos essa reflexão até a última Copa do Mundo, realizada em 2014 no Brasil, apontando suas implicações sociopolíticas para nossa sociedade. Essa sequência suscita a articulação multidisciplinar de conteúdos e o desenvolvimento de habilidades significativas para acessar, compreender, investigar e agir na sociedade. Os alunos têm a possibilidade de confrontar pontos de vista sobre o assunto e (re)formular suas próprias opiniões no desenvolvimento das competências discursiva, enunciativa e linguística.

Para isso, cabe a cada professor elencar aspectos de linguagem e, especificamente, vocabulário-alvo que deseja desenvolver com sua turma, visando instrumentalizar os alunos linguisticamente de modo que as discussões promovam a ampliação do repertório oral deles e a prática da língua inglesa. A sequência didática proposta parte de uma conversa com os alunos, com a intenção de levantar seus conhecimentos sobre a temática a ser discutida, a fim de permitir reformulações, levando em conta o conhecimento prévio do grupo. Para tanto, são trabalhadas diversas capacidades de leitura, como apontamos neste capítulo.

Aula 1	
Descrição da atividade	Na primeira aula, o professor leva imagens de bandeiras de diferentes países e pergunta aos alunos se sabem os países correspondentes. Em seguida, o professor pode promover discussões acerca de quais línguas são faladas em cada um desses países, levantando informações que os alunos já saibam sobre essas nações.
Objetivos	• contextualizar o tema; • levantar conhecimento prévio; • construir novos saberes sobre as nações e suas bandeiras; • relacionar aspectos socioculturais a cada nação; • promover reflexão crítica; • promover iniciativa de elaboração de projetos sociais.
Reflexão crítica	Quais países apresentam sérias questões sociais (pobreza, epidemias, entre outros)? Quais programas governamentais/não governamentais existem para tratar dessas questões? O que os alunos, como agentes, podem fazer? (Sugestões: trocar correspondência com crianças de outros países, entrar em contato organizações como Médicos sem Fronteiras, entre outros.)
Materiais utilizados	Imagens das bandeiras.
Aspectos linguísticos	• Vocabulário usado: nações. Exemplos de possíveis estruturas envolvidas nas discussões: *I think this is _____'s flag because...* *Cristo is in Rio, Brazil.* *The Eiffel Tower is in France.* O professor pode elencar outras para a prática de seus alunos, além das já elaboradas. • Gênero carta (para as comunidades, para as pessoas do Médicos sem Fronteiras).

Aula 2	
Descrição da atividade	Após uma breve discussão sobre as bandeiras e suas nacionalidades, o professor questiona onde ocorreram as últimas cinco copas. Feito isso, mostra fotos dos países nos quais foram realizadas, pedindo aos alunos que tentem identificar qual imagem pertence a qual país, justificando suas respostas. Em seguida, o professor pode propor que os alunos reflitam sobre quais aspectos consideram necessários para a promoção de uma Copa do Mundo.
Objetivos	• compreender aspectos socioculturais relacionados aos países; • refletir sobre aspectos socioculturais e sociopolíticos envolvidos na Copa do Mundo; • construir em conjunto conhecimento a respeito de acontecimentos internacionais (últimas cinco copas); • promover a reflexão e o agir críticos.
Reflexão crítica	Levando em conta as outras demandas e necessidades reais de cada um desses países, se a mesma quantidade de dinheiro fosse disponibilizada para outras benfeitorias, quais poderiam ter sido feitas? Quanto foi gasto? Quanto seria necessário para cada benfeitoria? Na sua cidade, quais são as demandas? Existe algo que, como cidadão, você possa fazer? (Sugestões: trabalho voluntário em asilo e orfanato, doação de roupas, organização de bazares para arrecadar dinheiro etc.)

(continua)

	Aula 2 *(continuação)*
Materiais utilizados	Imagens dos países em que foram realizadas as últimas 
Aspectos linguísticos	• Exemplos de possíveis estruturas de linguagem envolvidas nas discussões: *The 1998 World Cup was in France.* *I believe this is a picture of Korea because…* *I think a country should be very organized to be in charge of the World Cup…* O professor pode elencar outras para a prática de seus alunos, além das já elaboradas. • Sugestões de gêneros: currículo (para mandar para as instituições e fazer trabalho voluntário), *banners* (para organizar bazares de arrecadação), e-mail.

Aula 3	
Descrição da atividade	O professor pede aos alunos que pesquisem na internet ou em jornais os aspectos levantados para uma nação responsabilizar-se pela Copa do Mundo. A pesquisa é realizada em pequenos grupos e cada grupo pesquisa sobre um aspecto de uma nação, tais como organização, economia, saneamento básico, saúde e outros aspectos levantados pelos próprios alunos. Após a pesquisa, os alunos são convidados a apresentar suas pequenas pesquisas para a turma. São necessárias duas aulas para apresentação dos trabalhos e discussões. Aqui, os alunos que de fato realizaram algum trabalho para a comunidade, tal como sugerido na aula 2, podem compartilhar suas experiências.
Objetivos	• emancipação cultural; • prática da oralidade e da pesquisa; • reflexão crítica sobre as diferentes sociedades e culturas.
Reflexão crítica	A diferença social, o *glamour* envolvido na Copa do Mundo e a precariedade de algumas comunidades em nosso próprio país. Qual sua opinião a respeito? O que cada um pode fazer para melhorar? (Sugestão: entrar em contato com o jornal do bairro para publicar uma matéria sobre as pesquisas e sobre os possíveis trabalhos sociais desempenhados pela turma.)
Materiais utilizados	Internet, jornais e revistas.
Aspectos linguísticos	• Exemplos de possíveis estruturas de linguagem envolvidas nas discussões: *During our research, we found that when the World Cup was held in France...* O professor pode elencar outras para a prática de seus alunos, além das já elaboradas. • Gênero: notícias.

	Aula 4
Descrição da atividade	O professor apresenta diferentes reportagens de várias fontes sobre a presidente Dilma Rousseff e propõe, primeiramente, uma atividade de leitura e interpretação de texto.
	Sugestões de questões para a atividade de interpretação de texto:
	What does the president say about Brazilian infrastructure plans for the World Cup?
	How much money does she claim was supposed to be used for the World Cup?
	How does the president describe Brazilian people in relation to soccer?
	Em seguida, pode propor reflexões sobre a fala da presidente e incentivar os alunos a expressar suas opiniões sobre o tema.
	Sugestões de questões para a reflexão:
	If you were the President of Brazil and you had that amount of money, how would you spend it? Why?
	Do you agree with some of the president's decisions? Which ones? Why?
	From the research done on the previous classes in what sense was Brazil's World Cup different or similar to the World Cup held in other countries? Why?
Objetivos	• compreensão e interpretação de texto;
	• reflexão crítica;
	• expressar opiniões.
Reflexão crítica	Quais as vantagens e desvantagens para o país que realiza a Copa do Mundo?
	Qual sua opinião sobre as manifestações que tivemos a respeito desse e de outros temas?
	Quais outras formas de expressar opinião e obter mudanças?
	Como podemos organizar para que as vozes sejam ouvidas?
	Quais mudanças vocês gostariam de ter aqui na escola?
Materiais utilizados	Reportagens de revistas, jornais, vídeos e rádios.

(continua)

Aula 4 *(continuação)*
Aspectos linguísticos • Em razão da complexidade do assunto, cabe ao professor elencar estruturas de linguagem que elaborem a organização da fala dos alunos, de acordo com as possibilidades de cada grupo. • Gêneros: *banners* (manifestações), manifesto, lista, carta ao diretor.

PARA FINALIZAR

Como discutido, as práticas de leitura e escrita estavam inicialmente relacionadas à ação de ensinar ou aprender a ler e a escrever, isto é, ao estado ou à condição que adquire um grupo social ou indivíduo, como consequência de ter se apropriado da escrita, como frequentemente observado em práticas escolarizadas. A sociedade contemporânea e global precisa propiciar aos indivíduos não apenas o acesso a práticas de leitura e escrita como também a participação efetiva na cultura escrita.

Na proposta didática de língua inglesa deste capítulo, objetivou-se a apropriação e a utilização de vários procedimentos de leitura (perceptuais, práticos e cognitivos), a fim de que a utilização desses saberes seja condição para a mudança do ponto de vista do indivíduo com relação ao grupo social, seu estado ou condição nos aspectos cultural, social, político, linguístico, psíquico. Como apontando, uma abordagem que envolva os multiletramentos prevê atividades introdutórias de novos modos de produzir conhecimento, o que pressupõe assumir novos modos de ler e escrever os códigos e sinais verbais e não verbais, como imagens e desenhos. Ainda na proposta, podemos apontar que a análise coletiva dos ângulos das imagens e de como foram editados os vídeos podem possibilitar a compreensão e a visão de outros posicionamentos que acabam sendo veiculados nos diferentes tipos de textos (imagens, vídeos, hipertexto, links, entre outros).

REFERÊNCIAS BIBLIOGRÁFICAS

ALMEIDA FILHO, J. C. P. O ensino de línguas no Brasil de 1978. E agora? **Revista Brasileira de Linguística Aplicada**, Belo Horizonte, v. 1, n. 1, p. 15-29, 2001.

BAKHTIN, M. **Marxismo e filosofia da linguagem**. 7. ed. São Paulo: Hucitec, 1981.

_____. **Estética da criação verbal**. Tradução de Paulo Bezerra. São Paulo: Martins Fontes. 2003.

BAKHTIN, M.; VOLOCHÍNOV, V. N. **Marxismo e filosofia da linguagem**. Tradução de Michel Lahud e Yara Frateschi Vieira. São Paulo: Hucitec, 1981.

CANUTO, M. Três tipos de leitores: o contemplativo, o movente e o imersivo. **AUTORIA: Revista de Educação**, Porto Alegre, v. 4, p. 19-25, 2009.

_____. A formação crítico-colaborativa do formador-pesquisador no subprojeto: leitura e escrita nas diferentes áreas. In: LIBERALI, F. C.; GUERRA, M. G. G.; SCHETTINI, R. H. (Org.). **Programação cidadã**: pesquisa e transform(ação) de comunidades. Fortaleza: Aprender, 2011. p. 153-162. v. 1.

_____. **Atividade de formação de professores de Ensino Fundamental** I: leitura como instrumento de ensino-aprendizagem. 2012. 152 f. Dissertação (Mestrado em Linguística Aplicada e Estudos da Linguagem) – Pontifícia Universidade Católica de São Paulo, São Paulo, 2012.

CHARTIER, R. **A aventura do livro**: do leitor ao navegador: conversações com Jean Lebrun. Tradução de Reginaldo Carmello Corrêa de Moraes. São Paulo: Imprensa Oficial do Estado de São Paulo: Editora UNESP, 1998.

COPE, B.; KALANTZIS, M. **Multiliteracies**. New York: Routledge, 2001.

COPE, B.; KALANTZIS, M. (Org.). **Multiliteracies**: literacy learning and the design of social futures. New York: Routledge, 2006.

GAZZOTTI, D.; LIBERALI, F. C. Conflict resolution in the context of early childhood bilingual education: towards a multicultural development. **Revista Brasileira de Linguística Aplicada**, Belo Horizonte, v. 14, n. 2, p. 313-334, 2014.

FREIRE, P. **A educação na cidade**. São Paulo: Cortez, 1991.

KLEIMAN, A. B. Modelos de letramento e as práticas de alfabetização na escola. In: _____. (Org.). **Os significados do letramento**. Campinas: Mercado de Letras, 1995. p. 15-61.

KRESS, G. **Multimodality:** a social semiotic approach to contemporary communication. New York: Routledge, 2009.

KRESS, G.; VAN LEEUWEN, T. **Reading images:** the grammar of visual design. London: Routledge, 1998.

LEONTIEV, A. N. **Activity and consciousness**. Moscou: Vaprosy Filosofii, 1977. Disponível em: <www.marxists.org/archive/leontev/works/1977/leon1977.htm>. Acesso em: 20 jan. 2009.

LIBERALI, F. C. Cadeia criativa: uma possibilidade para a formação crítica na perspectiva da teoria da atividade sócio-histórico--cultural. In: MAGALHÃES, M. C. C.; FIDALGO, S. S. (Org.). **Questões de método e de linguagem na formação docente**. Campinas: Mercado de Letras, 2011. p. 41-64.

LIBERALI, F. C.; FUGA, V. P. Argumentação e formação: gestão de educadores no quadro da teoria da atividade sócio-histórico--cultural. **Desenredo**, Passo Fundo, v. 8, p. 1-12, 2012.

THE NEW LONDON GROUP. A pedagogy of multiliteracies: designing social futures. In: COPE, B.; KALANTZIS, M. (Ed.). **Multiliteracies:** literacy learning and the design of social futures. London: Routledge, 2000. p. 9-32.

ROJO, R. **Livro didático de língua portuguesa**: letramento e cultura da escrita. São Paulo: Mercado de Letras, 2003.

_____. **Letramentos múltiplos, escola e inclusão social**. São Paulo: parábola editorial, 2009.

ROJO, R.; MOURA, E. **Multiletramentos na escola**. São Paulo: Parábola, 2012.

SANTAELLA, L. **Navegar no ciberespaço**: o perfil cognitivo do leitor imersivo. São Paulo: Paulus, 2004.

SAVIGNON, S. J. Communicative language teaching for the twenty-first century. In: CELCE-MURCIA, M. (Ed.). **Teaching English as a second or foreign language**. Boston: Heinle & Heinle, 2001. p. 13-28.

SOARES, M. **Letramento**: tema em três gêneros. Belo Horizonte: Autêntica, 1998.

_____. **Letramento**: um tema em três gêneros. 2. ed. Belo Horizonte: Autêntica, 2001. p. 13-60.

VYGOTSKY, L. S. **A formação social da mente**: o desenvolvimento dos processos psicológicos superiores. Martins Fontes: São Paulo, 1984.

_____. **Pensamento e linguagem**. São Paulo: Martins Fontes, 2000.

_____. **A construção do pensamento e da linguagem**. Tradução de Paulo Bezerra. São Paulo: Martins Fontes, 2001.

WEB-REVISTA SOCIODIALETO, Campo Grande, v. 2, n. 6, jul. 2012. Disponível em: <http://www.sociodialeto.com.br/?pag=home&ver=edicoes&acao=ver&id=11>. Acesso em: 20 abr. 2016.

Sugestões de leitura

LIBERALI, F. C. **Atividade social nas aulas de língua estrangeira**. São Paulo: Moderna, 2009.

MATTOS, A. M. A.; VALÉRIO, K. M. Letramento crítico e ensino comunicativo: lacunas e interseções. **Revista Brasileira de Linguística Aplicada**, Belo Horizonte, v. 10, n. 1, p. 135-158, 2010.

JORDÃO, C. (Org.). Letramentos e multiletramentos no ensino de línguas e literaturas. **Revista X**, Curitiba, v. 1, 2011.

3

Jogar, brincar e atuar no palco da sala de aula: criar tarefas baseadas em *performance*

Airton Pretini Junior

Nilton Mendes

3.1 INTRODUÇÃO

Neste capítulo, discutimos a elaboração de tarefas baseadas em *performances* (HOLZMAN, 2009) nas aulas de inglês como língua estrangeira. O uso desse tipo de estratégia, baseada no conceito vygotskiano do *brincar* (VYGOTSKY, 2009), apresenta-se no bojo de um desenho curricular que entende os *gêneros do discurso* (BAKHTIN, 1992) como regularidades discursivas que organizam, possibilitam e dão sentido à comunicação entre as pessoas e às formas nas quais os sujeitos se articulam para agir juntos em prol de um objetivo comum.

Nesse sentido, o estudo da língua estrangeira ocupa-se não só do sistema linguístico e de sua articulação (morfologia, sintaxe, análise do discurso, semântica etc.) como também do entendimento de que cada sistema se origina e se estrutura em seus usos historicamente validados. Essa perspectiva debate também os usos de uma língua por estrangeiros como uma possibilidade de ampliação das margens de ação dessas pessoas no mundo. A relação entre a vida real (a ação do homem no mundo por meio da linguagem) e os conhecimentos validados cientificamente (a língua, seus sistemas e seus usos) é um apoio essencial para promover situações de ensino-aprendizagem potentes ao longo de toda a escolaridade. No caso do Ensino Médio, tal relação assume papel preponderante, entendendo que alunos e alunas desse segmento vislumbram mais concretamente o momento em que vão substituir o papel de estudante pelo de profissional e, assim, ter ação mais decisiva nos contextos em que atuam.

Usos: Vygotsky (1987) chama *conceito espontâneo* (também conhecido por *cotidiano*) o conhecimento não sistematizado cientificamente, construído na coletividade, e *conceito científico* o conhecimento sistematizado cientificamente e explicado racionalmente.

O estabelecimento dessa relação da vida real com os conhecimentos que são objeto de estudo escolar encontra na organização curricular com base em atividades sociais (LIBERALI, 2009, 2012) uma ferramenta importante para a elaboração de propostas didáticas, pois tal perspectiva curricular entende a escola como o

palco no qual alunos e professores compartilham seus anseios de participação nas diferentes esferas nas quais circulam – acadêmica, cotidiana, literária, entre outras (BAKHTIN, 1953) – e mobilizam seus conhecimentos para experimentarem fazer parte das atividades que estruturam tais esferas (PRETINI; MEGALE, 2015).

Assim definida a perspectiva de ensino-aprendizagem de língua estrangeira, temos como proposta localizar a *performance* como uma possibilidade metodológica de costurar melhor a relação do aluno com os conhecimentos que o circundam (MIRANDA-ZINNI; WEILER, 2012) e, assim, reafirmar o papel da escola como palco de construção de possibilidades de participação na vida (MARX; ENGELS, 2006). Nesse sentido, o jogar, o brincar e o atuar dentro da sala de aula e a produção de conhecimento em língua inglesa podem ser transformados na interação entre os pares, construindo cenas colaborativamente e discutindo-as com o professor.

Colaborativamente: John-Steiner afirma que "cada indivíduo realiza apenas uma parte de seu potencial humano que pode ser alcançado em um determinado período histórico" (2000, p. 40). Assim, o encontro de dois ou mais indivíduos com experiências de vida e saberes diferentes cria uma tensão dinâmica e produtiva entre suas ideias. Quando esses indivíduos, em colaboração, constroem o conhecimento, expandem suas possibilidades, pois a colaboração dá a eles a oportunidade de transcender, como indivíduos, seu próprio conhecimento e suas limitações.

3.2 ATIVIDADES SOCIAIS ARTICULANDO CONHECIMENTOS LINGUÍSTICOS

O ensino por meio de atividades sociais (LIBERALI, 2009, 2012) propõe que os conhecimentos compartilhados e produzidos na escola viabilizem a participação dos sujeitos nas diferentes atividades que compõem a vida em sociedade. O quadro a seguir, adaptado de Pretini e Megale (2015), evidencia a relação dos gêneros orais e escritos com as atividades sociais e a relação dessas atividades com as esferas (BAKHTIN, 1992) nas quais as pessoas atuam ou anseiam atuar.

Quadro 3.1 – Atividades sociais e seus gêneros relacionados às diferentes esferas

Esfera cotidiana	Ir ao cinema	Gêneros orais: conversa para convidar, conversa com atendente de bilheteria, conversa para comprar pipoca. Gêneros escritos: pôsteres dos filmes, resenhas dos filmes.

(continua)

Quadro 3.1 – Atividades sociais e seus gêneros relacionados
às diferentes esferas *(continuação)*

Esfera cotidiana	Organizar e participar de um piquenique	Gêneros orais: conversa para convidar, conversa para oferecer e para aceitar/recusar comida e bebida, conversa para combinar o que cada um trará. Gêneros escritos: convite, lista de alimentos.
Esfera jornalística	Produzir um jornal	Gêneros orais: participação em reunião de pauta. Gêneros escritos: notícia; roteiro de entrevista.
	Produzir um programa de televisão	Gêneros orais: participação em reunião de pauta, entrevista. Gêneros escritos: roteiro de programa de variedades; roteiro de telejornal.
Esfera literária	Organizar e participar de um sarau	Gêneros orais: conversa para organizar o sarau, conversa para escolher as apresentações. Gêneros escritos: convite e cartaz de divulgação, diferentes textos literários participantes do sarau (poesia, canções, narrativas etc.).
Esfera acadêmica	Organizar um seminário	Gêneros orais: apresentação do seminário; perguntas de esclarecimento elaboradas antes, durante e depois da apresentação. Gêneros escritos: síntese dos conteúdos cobertos no seminário, apresentados em PowerPoint ou em outra plataforma, folhetos com a síntese dos seminários.
	Organizar e participar de uma feira de ciências	Gêneros orais: explicações das experiências, descrição do "como fazer", conversa para convidar pessoas para a feira. Gêneros escritos: pôsteres, folhetos de divulgação da feira.

Na descrição de Engeström (1999), aqui comentada por Liberali (2009), uma atividade social é estruturada a partir dos componentes expostos no quadro seguinte.

Quadro 3.2 – Quadro descritor dos componentes da atividade social

Sujeitos	Aqueles que reagem em relação ao motivo e realizam a atividade.
Comunidade	Aqueles que compartilham a atividade por meio da divisão de trabalho.
Divisão de trabalho	Ações intermediárias realizadas pela participação individual na atividade e que não alcançam, de forma independente, a satisfação da necessidade dos participantes. São tarefas e funções de cada um dos sujeitos da atividade.
Objeto	Aquilo que vai satisfazer a necessidade, o objeto desejado. Tem caráter dinâmico, transformando-se com o desenvolvimento da atividade. Trata-se da articulação entre o idealizado, o sonhado, o desejado que se transforma no objeto final ou o produto.
Regras	Normas explícitas ou implícitas na comunidade.
Artefatos/ instrumentos/ ferramentas	Meios de modificar a natureza para alcançar o objeto idealizado. Podem ser controlados pelo usuário; revelam a decisão tomada pelo sujeito; são usados para o alcance de fim predefinido (instrumento para o resultado) ou constituídos no processo da atividade (instrumento e resultado) (NEWMAN; HOLZMAN, 2002).

Uma das atividades sociais propostas anteriormente – produzir um jornal – é detalhada a seguir:

Quadro 3.3 – Organização da atividade social de produzir um jornal

Atividade social: produzir um jornal	
Sujeitos	Jornalistas que atuam em diversas funções (repórteres, redatores, fotógrafos etc.).
Comunidade	Editores do jornal, comunidade na qual a publicação circula.

(continua)

Quadro 3.3 – Organização da atividade social de
produzir um jornal *(continuação)*

Atividade social: produzir um jornal	
Divisão de trabalho	Jornalistas: coletam informações sobre os fatos relevantes, redigem textos, tiram fotos, elaboram perguntas, interagem com entrevistados e registram as respostas. Editores: decidem sobre o que pode ser considerado como fato relevante, ordenam que repórteres saiam a campo para coletar informações, revisam os textos e decidem sobre sua publicação.
Objeto	Produzir um jornal que noticie os fatos relevantes de determinada comunidade, por meio de textos equilibrados e compromissados com a verdade.
Regras	Compromisso com a verdade, cuidado na escolha de palavras, polidez e elegância no tratamento com todos, cuidado com o uso da norma-padrão da língua.
Artefatos/ instrumentos/ ferramentas	Caneta, bloco de anotações, gravador de som, câmera fotográfica, telefone celular (que pode cumprir a função dos quatro primeiros itens), outras publicações, material de agências de notícia, bem como gêneros já mencionados.

É importante destacar que, uma vez tendo seu trabalho organizado em uma atividade social, professores e alunos passam a ser sujeitos da atividade, como já descrito. Um possível caminho é os alunos atuarem como repórteres, redatores e fotógrafos, e os professores desempenharem o papel de editores, discutindo as escolhas dos repórteres e avaliando criticamente seus textos. Imbuídos de seus papéis, os envolvidos *brincam* (VYGOTSKY, 2009) de participar de uma atividade da qual não participariam normalmente e, assim, ampliam sua condição de ação no mundo. A oferta de *performances* cria espaço para que o "jogo" de ser jornalista aconteça em sala de aula. O exemplo de *performance* para o gênero "entrevista", ao final deste capítulo, detalha os procedimentos de realização da atividade.

A seguir, apresentamos uma breve discussão teórico-metodológica explicitando as bases conceituais que sustentam o trabalho com *performances* para, então, detalhar procedimentos e sugerir exemplos.

3.3 JOGAR, BRINCAR E ATUAR

O espaço da sala de aula pode proporcionar ao aluno experiências que acontecem na vida real, seja pela discussão sobre determinado tópico, seja por um jogo de papéis desempenhados em classe.

Existem ideias trazidas pelos alunos, bem como sua bagagem cultural e de vida, que podem ser um fator extremamente enriquecedor para alimentar a construção de sua relação com os conhecimentos validados pela ciência. Dessa forma, o professor não é o único detentor do saber, aquele que "passa" a matéria. Ele pode ser aquele que compartilha seus sentidos com os que são trazidos por cada um de seus alunos, criando novos significados, fazendo com que a sala de aula seja um espaço colaborativo e de transformação no processo de ensino-aprendizagem.

Para que a sala de aula possa assumir uma característica de espaço de criação, é importante, primeiramente, falar sobre o que se considera "brincar" (*play*, em inglês).

O dicionário online *Michaelis* aponta algumas definições para brincar: divertir-se infantilmente; entreter-se; agitar-se com movimentos graciosos; divertir-se representando algum papel; divertir-se fingindo exercer qualquer atividade. Observamos a questão de divertir-se com brincadeiras e jogos de criança e também de fingir ser outra pessoa e representar.

Continuando essa apresentação das definições e o fato de abordarmos aqui um contexto que trabalha o inglês, destacamos o que estabelece o dicionário online *Merriam Webster* sobre algumas definições de *play*: ser adequado para o desempenho dramático; participar ou tomar parte em um jogo; atuar em uma posição de maneira específica; realizar uma ação durante sua vez em um jogo; engajar-se em (uma atividade) como um jogo; colocar-se em uma *performance* de uma peça, por exemplo; atuar como personagem ou papel.

Vygotsky (2009) afirma que o brinquedo (brincar, jogar ou atuar) pode fornecer um período de transição entre o significado das palavras e dos objetos. O brinquedo cria na criança uma nova forma de desejos, seu papel no jogo e suas regras.

Com o brincar em sala de aula, o professor lança mão de situações imaginárias, criação de personagens e sentimentos envolvidos para que tais situações proporcionem momentos, nos quais o aluno possa colocar em prática diversas possibilidades, usando o que já sabe (seus sentidos), o que está aprendendo e o que ainda está por vir em seu desenvolvimento (ZPD). Assim, criar "uma situação imaginária, seja qual for seu conteúdo, é atividade revolucionária" (NEWMAN; HOLZMAN, 2002, p. 119). Isso poderia fazer o aluno entender melhor não somente o "como" como também o "porquê" de agir em determinada situação.

Para tal momento de percepção, é fundamental basear-se em Newman e Holzman que, discutindo Vygotsky, mencionam que o

> *brincar dá à criança uma forma nova de desejos (regras). Ensina-a a desejar relacionando seus desejos a um 'eu' fictício, a seu papel no jogo e suas regras. Desse modo, as maiores conquistas da criança são possíveis no brincar, conquistas que amanhã se tornarão seu nível básico de ação e moralidade (2002, p. 115).*

Propor tarefas de jogar, brincar e atuar em sala de aula coloca os alunos em contato com situações para que haja comunicação com palavras, gestos, feições, grunhidos ou sons. Para Ladousse (1988), nos exercícios de dramatização, os alunos veem-se em oportunidades nas quais são obrigados a usar e desenvolver formas fáticas de linguagem que são importantes para tais tipos de situação. É comum, em exercícios dessa natureza, que alunos e professores se surpreendam com momentos espontâneos de criação e de uso de linguagem antes não imaginados por eles, pois, em um momento de crise, quando nos sentimos compelidos a produzir, "a pessoa 'normal' transcende os limites daquilo que é familiar, corajosamente entra na área do desconhecido e libera por alguns minutos o gênio que tem dentro de si" (SPOLIN, 2010, p. 3-4).

Ao fazer um paralelo entre o ensino de idiomas e o conceito desenvolvido por Holzman sobre *performance*, é possível pensar criticamente em um planejamento de aulas para que os aspectos discutidos até aqui sejam considerados no espaço da sala de aula.

3.4 PLANEJANDO TAREFAS BASEADAS EM *PERFORMANCE*

É possível planejar tarefas baseadas em *performance* em vários contextos de ensino-aprendizagem. Listamos aqui aqueles que nos parecem mais frequentes na realidade de um professor de inglês como língua estrangeira.

ZPD: A *Zona de Desenvolvimento Proximal*, mais conhecida pela sigla do inglês ZPD (*Zone of Proximal Development*) é geralmente descrita como a diferença entre o que um aprendiz consegue fazer sozinho e o que consegue fazer em cooperação, visão considerada um tanto reducionista por vários autores. Holzman (1997, p. 60), por exemplo, critica leituras da ZPD como uma ferramenta para resultado, ou seja, o que é preciso para o que é feito "com outros" possa ser feito "sozinho", em uma perspectiva instrumental e dualista. Entende que ZPD não é uma zona, mas sim um "espaço de vida", o *palco* no qual o desenvolvimento acontece para e por causa (instrumento e resultado) da interação dos sujeitos em atividade.

O primeiro contexto é uma etapa subsequente às práticas que objetivam a memorização de funções de linguagem e de estabelecimento de um padrão de pronúncia e de entonação. Após as práticas, comumente previstas em materiais didáticos, organizados a partir de situações de comunicação e funções de linguagem, o professor propõe situações em que os papéis a serem exercidos pelos envolvidos (vendedor/cliente, recepcionista/hóspede de hotel, garçom/cliente, entre outros) sejam constituídos de forma mais fundada na realidade (vendedor solícito/cliente impaciente, recepcionista displicente/hóspede com pressa, garçom e cliente que se conhecem há muitos anos, entre outros) e chamem à produção de variantes dos diálogos propostos pelo material. Os professores podem também sugerir uma atividade social que abarque os contextos de trabalho propostos pelo livro escolhido, organizando as práticas linguísticas em situações mais relevantes para os alunos.

Nos livros do PNLD, via de regra organizados a partir dos gêneros do discurso, a *performance* pode orientar a produção dos gêneros orais e a dos gêneros escritos. Em ambos os gêneros, a organização via *performance* chama a uma discussão sobre valores e regras que permeiam os diferentes contextos de produção (um jornal pró ou contra o governo, um blog que defende assuntos de interesse de uma comunidade, uma organização de defesa do meio ambiente mais ou menos radical, entre outros). No caso dos gêneros orais, tais valores e regras, além de outras peculiaridades de cada contexto de produção, vão modular e dar tom à atuação dos envolvidos nos momentos de prática. Aqui também é possível ter os professores sugerindo atividades sociais para abarcar a prática dos gêneros orais e escritos propostos pelo livro escolhido.

Partindo-se das necessidades dos alunos e dos assuntos necessários a serem tratados em sala de aula, bem como de atividades sociais escolhidas, o professor pode pensar em tarefas para iniciar a discussão de um assunto ou para fechar um tópico ao final de uma sequência de aulas com base em *performance*. É possível, também, partir de um roteiro com ideias preestabelecidas que devam aparecer na condução da cena ou de uma simples conversa sobre o assunto tratado em sala de aula.

Mendes (2012) organiza elementos conceituais importantes para a construção de uma *performance*, como apresentado no quadro que segue:

Quadro 3.4 – Elementos conceituais de organização de *performances*

Ideias para planejar tarefas de aula de inglês usando *performance*	
Possibilitar	O uso de gestos, expressões faciais, sons, palavras, pequenas frases, opiniões que expressem o lugar do indivíduo no mundo, lembrando que na *performance* movimentos gestuais de braços e pernas adquirem em cada caso uma importância particular. Exemplo: em uma interação entre um paciente com problemas e um médico, qual será a movimentação no consultório e o modo de conversar com esse paciente? Será formal ou informal? Quais palavras e frases podem ser usadas?
	A criação do trabalho como um *ensemble*: cenas criadas pelos alunos com o professor como diretor; cenas com a participação do professor como ator, lembrando que o artista *performer* é um agente de transformação. O professor pode ser um *side coach*, dando instruções para que a cena tome rumos diferentes, ou pode participar da cena como agente transformador da história. Exemplo: uma cena em que os alunos parecem não saber como agir ou qual frases dizer, o professor/outro aluno entra como um novo personagem, alterando o enredo da cena, trazendo novos desdobramentos.
	Criações de cena que não sejam apenas faz de conta, sem um objetivo delineado, e que contenham uma contabilidade do que foi feito para compor personagens e suas características, as regras dos lugares que compõem as cenas e como as pessoas se portam em lugares como esses. Exemplo: ao final da cena, promover discussões com perguntas norteadoras como: "Quais frases diferentes apareceram na cena?", "Qual palavra foi difícil de ser pronunciada durante a cena?", "Quando isso acontecer em sua vida fora da escola, como você agirá depois de ter feito essa cena?".

(continua)

Quadro 3.4 – Elementos conceituais de organização
de *performances (continuação)*

Ideias para planejar tarefas de aula de inglês usando *performance*	
	A participação na discussão sobre as cenas dos outros colegas. Exemplo: promover discussões com orientações como: "Comente como a cena feita pelo colega imita a vida real", "Você percebeu os aspectos tratados em sala de aula na cena de seu colega?".
Possibilitar	Criação e construção de cenas que contenham: enredo, história, conflito dramático, personagens, diálogo, local e ação dramática. Exemplo: a criação do *script* não precisa necessariamente acontecer antes da condução da cena. A cena pode ser improvisada partindo-se de alguns comandos e posteriormente tornar-se uma atividade escrita, quando o professor pede que os alunos transformem as cenas produzidas em texto no caderno.
	A transformação do espaço de sala de aula em um palco, arena, ZPD, instalação, espaços de criação. Exemplo: transformação física do espaço com uma nova organização das cadeiras durante a cena; transformação dos alunos em roteiristas, atores ou diretores responsáveis por conduzir um trabalho criativo-colaborativo.

Amarante (2012, p. 61) sugere uma organização passo a passo, de base conceitual semelhante, como ilustrado no quadro a seguir:

Quadro 3.5 – Exemplo prático de encaminhamento de *performance*

Objetivo da tarefa	Dar voz aos sujeitos participantes da atividade, trabalhando por meio de *performances* com situações da vida, mas que não necessariamente fazem parte do cotidiano dos alunos envolvidos.
Primeiro passo	*Performance* inicial: em dada atividade social, propor que alguns alunos, voluntariamente, vivenciem certa situação de comunicação. Essa primeira *performance* geralmente é impregnada de conhecimentos cotidianos trazidos pelos participantes que, assim, contribuem de forma colaborativa. Convide diferentes sujeitos a vivenciar a situação, buscando multiplicar as possibilidades de ação e as interações comunicativas.

(continua)

Quadro 3.5 – Exemplo prático de encaminhamento
de *performance (continuação)*

Segundo passo	Apresentar um documento audiovisual aos alunos participantes que retrate a *performance* vivenciada em outro contexto (um trecho de filme, uma publicidade, uma música), buscando ampliar os conhecimentos acerca da situação vivenciada anteriormente.
Terceiro passo	Incitar uma discussão crítica sobre os elementos descobertos que poderiam ser incorporados à *performance* inicial (um gesto, uma fala, um novo papel).
Quarto passo	Convidar outros alunos a vivenciar a situação e gravar as *performances*.
Quinto passo	Apresentar a gravação das *performances* dos colegas à totalidade dos alunos, visando, primeiramente, a uma reflexão coletiva e crítica das interações assistidas e, posteriormente, a um enriquecimento das trocas comunicativas.
Sexto passo	Propor uma *performance* final da situação escolhida introduzindo um elemento novo na situação.

Como indicado no início desta seção, é interessante que, no percurso entre o passo inicial e a *performance* final, o professor preveja vários momentos de prática focada nos aspectos mais estruturais da língua e suas funções, evitando aspectos de atitude, postura e representação (PRETINI, 2011). Nesses momentos – neste contexto chamados *role plays* – privilegia-se o contato sistemático com os conteúdos previstos no planejamento curricular.

Via de regra, *role plays* são conduzidos com apoio de um roteiro, que pode ser físico (impresso em papel, por exemplo), ao qual os alunos podem referir-se para garantir sua participação. Por meio da realização dos *role plays*, criam-se condições para que os alunos compreendam, memorizem, interpretem e produzam os textos orais e escritos que são foco da atividade.

Como vamos ver nos exemplos a seguir, o trabalho com *performances* preocupa-se em construir com os alunos um repertório de formas de agir, de maneira linguística e atitudinal. A realização de *role plays*, assim, estabelece essa ponte entre os conhecimentos linguísticos organizados curricularmente e as possibilidades de ação na vida real.

3.4.1 Alguns exemplos

3.4.1.1 Tarefa de performance *baseada em situação de comunicação e suas funções*

O material aqui usado como exemplo propõe uma situação na qual uma pessoa, em viagem de estudos no exterior, negocia o aluguel de sua moradia temporária.

É interessante propor aos alunos algumas perguntas, antes do primeiro contato com o diálogo, dando-lhes a oportunidade de articular seus conhecimentos prévios:

- Qual o nível de formalidade da conversa entre proprietário e locatário?

- Quais assuntos geralmente são discutidos?

- Quais aspectos não podem ser esquecidos nessa conversa entre proprietário e locatário?

- Quais estruturas ou vocabulários estudados são essenciais nesse tipo de conversa?

- É uma conversa longa? Como deve ser concluída?

O diálogo proposto como modelo foi composto como segue (OW significa *owner*; PC quer dizer *prospect client*):

OW: Hello?

PC: Hello, I'm calling about your ad. Is the apartment still available?

OW: Yes, it is. It's a very nice apartment, fully furnished.

PC: Great. What's the rent?

OW: It's $720 a month, utilities included.

PC: OK. And is there a desk?

OW: Yeah. There's a bed, a desk and a chair in each bedroom.

PC: Good. Are there any shelves for books?

OW: Oh, yes, there are some shelves on the walls and there's a bookcase in the living room.

PC: Great. What about laundry facilities?

OW: Well, there's no washing machine or dryer in the apartment, but there's a laundry room in the basement.

PC: That's fine then.

OW: Listen, why don't you come take a look at the apartment this afternoon?

PC: Sure. How do I get there from the subway station?

OW: Oh, it's really easy...

(ARONIS et al., 2006, p. 12)

Após as fases de exploração do diálogo, em que são abordadas questões de compreensão, práticas sistematizadoras da sequência do diálogo, entonação e pronúncia, o professor pode ampliar o contexto de uso do diálogo por meio de perguntas como:

- *In what situations would you rent an apartment abroad?*
- *What would you need in the apartment if you were: A single student? A parent with the spouse and children? An older citizen? A newlywed couple?*
- *What else do you think is important to consider when choosing this apartment (safety, location, public transportation available, etc.)?*
- *Let's imagine you want to study abroad after high school. What kinds of scholarships are offered? How much do they pay on average? How much of that can be used to pay for rent?*
- *How would you deal with difficulties in communicating with the owner of the apartment?*
- *How would you feel after looking for many weeks and not finding anything interesting?*

A partir das respostas, alunos e professor engajam-se na elaboração de variações do diálogo, atendendo às diferentes demandas. As perguntas a seguir podem auxiliar os alunos a pensar sobre a cena de forma mais ampla:

- O tom está sendo formal ou informal? Por quê?
- Qual é a atitude do cliente? Ela pode ser diferente?
- Essa cena está parecida com um acontecimento da vida real?
- Quais aspectos podem ser incluídos nesta cena?
- Existe algum tipo de vocabulário, estrutura ou assunto que não foi mencionado e não pode ser esquecido?

Após essa primeira coleta de informações, é possível expandir o contexto para uma situação de negociação de preços, pensando em diferentes necessidades. O vídeo da série *Howcast* intitulado *How to negotiate your rent* ilustra satisfatoriamente a situação, não só com elementos cênicos (expressões de concordância e discordância, expressões de ênfase) como também com dicas reais de como conduzir uma negociação.

How to negotiate your rent: Disponível em: <www.youtube. com/watch?v=7KGSt9V770Y>. Acesso em: 1 jun. 2016.

As perguntas sobre possibilidades de bolsa de estudos e financiamento para estudar fora do país podem gerar um percurso de pesquisa interessante que sirva de orientação aos interessados e confira caráter de possibilidade concreta aos desejos dos alunos.

3.4.1.1 Tarefa de performance *para orientar produção de gêneros*

Entrevista é um gênero do discurso bastante recorrente em materiais de língua estrangeira estruturados por essa perspectiva de organização linguística. No caso da língua inglesa, o trabalho com entrevistas demanda um cuidado especial com a estrutura das perguntas, cuja peculiaridade causa bastante estranhamento em falantes de língua portuguesa. Além dos aspectos mais estruturais, é importante considerar elementos do contexto de produção, como: para que servem entrevistas? Quem entrevista? O que compõe o perfil de um entrevistador? Como se seleciona um entrevistado?

É importante que o professor exiba vários vídeos de entrevistas, para que os alunos possam observar elementos cênicos da postura de entrevistador e entrevistado. Preferencialmente, essas entrevistas devem exibir perfis bastante variados, tanto de entrevistador como de entrevistado (entrevistador paciente/impaciente, entrevistado que aparenta sinceridade ou não, entre outros). Para tratar dos aspectos mais conceituais de entrevistar, sugerimos dois vídeos:

How not to start an interview: Disponível em: <www.youtube.com/ watch?v=yXF8Lhvjqa8>. Acesso em: 1 jun. 2016.

- Em *How not to start an interview*, a entrevistadora confunde o ator John Cusack com o ator Kevin Spacey. O erro cometido pode disparar a discussão sobre como um entrevistador se prepara para seu trabalho;

Katie Couric on how to conduct a good interview: Disponível em: <www.youtube.com/ watch?v=4eOynrl2eTM>. Acesso em: 1 jun. 2016.

- Em *Katie Couric on how to conduct a good interview*, Katie Couric, uma jornalista norte-americana reconhecida mundialmente pela qualidade de suas entrevistas, é entrevistada por um colega de trabalho e dá dicas importantes de como preparar-se e conduzir uma entrevista.

PARA FINALIZAR

Com as ideias discutidas neste capítulo, os alunos podem desenvolver a produção oral e os aspectos de fluência e pronúncia, bem como formas de agir em situações fora do espaço de sala de aula, com possíveis ações crítico-reflexivas no mundo. Ao pensar em inovações para o espaço de sala de aula, podemos oferecer ao professor de inglês possibilidades de diferentes tarefas em classe, proporcionando um posicionamento crítico sobre como agir dentro e fora da sala de aula. Dessa forma, é possível tornar a sala de aula um espaço criativo, palco de *performances*, em que todos os participantes sejam constituintes e constituídos no espaço criado colaborativamente.

REFERÊNCIAS BIBLIOGRÁFICAS

AMARANTE, G. B. M. F. Ensino-aprendizagem de língua estrangeira para adolescentes. In: LIBERALI, F. C. (Org.). **Inglês**. São Paulo: Blucher, 2012. p. 37-56. (Série A reflexão e a prática no ensino, v. 2).

ARONIS, P. M. et al. **Vantage point:** student's book 3. São Paulo: CELLEP, 2006.

BAKHTIN, M. **Estética da criação verbal**. São Paulo: Martins Fontes, 1992.

HOLZMAN, L. **Schools for growth:** radical alternatives to current educational models. New Jersey: Lawrence Erlbaum Associates, 1997.

_____. **Vygotsky at work and play**. New York: Routledge, 2009.

LADOUSSE, G. P. **Role play**. London: Oxford University Press, 1988.

JOHN-STEINER, V. **Creative collaboration**. Oxford: Oxford University Press, 2000.

LEONTIEV, A. N. **Activity and consciousness**. Moscou: Vaprosy Filosofii, 1977. Disponível em: <www.marxists.org/archive/leontev/works/1977/leon1977.htm>. Acesso em: 20 abr. 2016.

LIBERALI, F. C. **Atividade social nas aulas de língua estrangeira**. São Paulo: Moderna, 2009.

_____. (Org.). **Inglês**. São Paulo: Blucher, 2012. (Série A Reflexão e a Prática no Ensino, v. 2).

MARX, K.; ENGELS, F. **A ideologia alemã:** teses sobre Feuerbach; Karl Marx; Friedrich Engels. 9. ed. São Paulo: Centauro, 2006.

MENDES, N. *Performance* **no ensino de inglês.** 2002. 168 f. Dissertação (Mestrado em Linguística Aplicada e Estudos da Linguagem) – Pontifícia Universidade Católica de São Paulo, São Paulo, 2012.

MIRANDA-ZINNI, A.; WEILER, S. Produção oral e *performance*. In: LIBERALI, F. C. (Org.). **Inglês.** São Paulo: Blucher, 2012. p. 97-113. (Série A reflexão e a prática no ensino, v. 2).

NEWMAN, F.; HOLZMAN, L. **Lev Vygotsky:** cientista revolucionário. São Paulo: Loyola, 2002.

PRETINI, A. Jr. **Enunciados narrativos e performáticos no ensino-aprendizagem com base em atividades sociais:** a relação teoria-prática na formação de professores. 2011. 187 f. Dissertação (Mestrado em Linguística Aplicada e Estudos da Linguagem) – Pontifícia Universidade Católica de São Paulo, São Paulo, 2011.

PRETINI, A. Jr.; MEGALE, A. Elaboração de material didático para a educação bilíngue no Brasil: um percurso para a formação de professores. In: PHILIPPOV, R.; SCHETTINI, R. H.; SILVA, K. (Org.). **Integrando e desencapsulando currículos de Ensino Superior.** Campinas: Pontes, 2015. p. 17-46. (Coleção Novas perspectivas em linguística aplicada, v. 45)

SPOLIN, V. **Jogos teatrais na sala de aula:** o livro do professor. São Paulo: Perspectiva, 2010.

VYGOTSKY, L. S. **The collected works of L. S. Vygotsky.** New York: Plenum, 1987. v. 1.

_____. **A formação social da mente:** o desenvolvimento dos processos psicológicos superiores. São Paulo: Martins Fontes, 2009.

Sugestões de leitura

LOBMAN, C.; LUNDQUIST, M. **Unscripted leaning.** New York: Teachers College: Columbia University, 2007.

PRETINI, A. Jr.; LIBERALI, F. C. Agir na vida que se vive nas aulas de língua inglesa: o desenvolvimento de capacidades de enunciação performático-agenciais. In: TONELLI, J. R. A.; CHAGURI, J. de P. (Org.). **Espaço para reflexão sobre ensino de línguas.** Maringá: Eduem, 2014. p. 177-197. v. 1.

Desencapsulação, multiculturalidade e multimidialidade: a integração entre ensino de gêneros literários e de língua estrangeira no Ensino Médio

Ana Paula Barbosa Risério Cortez

Laureana Piragine

Renata Philippov

4.1 INTRODUÇÃO

O uso do texto literário como recurso para a aprendizagem de língua materna ou estrangeira tem sido objeto de estudo e prática em sala de aula há muito tempo.

Desde a Antiguidade clássica, como lembra Zilberman (1990), já se falava no texto literário como forma de fomento ao pensamento, à formação cultural e à elevação do espírito. Grandes filósofos como Aristóteles e Platão, por exemplo, dedicaram longos ensaios ao papel da poesia como algo fundamental para a formação humana.

No entanto, foi no século XIX de nossa era que a literatura e seu ensino ganharam maior destaque, pois, nesse período, foi fundada a historiografia literária, que organizou autores, estilos e grandes temas de forma compartimentada e sequencial. A escola passou, então, a ensinar a literatura dessa forma, destacando-se grandes autores, grandes escolas, grandes estilos, ou seja, formou-se o cânone que deveria ser estudado e memorizado pelos aprendizes. Em aulas de língua estrangeira, os clássicos eram estudados e era comum fazer longos exercícios de tradução e análise gramatical.

No século XX, o ensino de língua estrangeira e materna ganhou novos contornos, novos métodos e abordagens de ensino que, em maior ou menor grau, abarcam o texto literário com o mesmo viés historiográfico proveniente do século XIX, de acordo com

Cosson (2014). Além desse estudioso do ensino de literatura, tantos outros também apontaram a necessidade de desvencilhar o texto literário do didatismo artificial da compreensão do texto *per se* ou de uma cronologia que impedia o aluno de lidar com o texto de forma crítica, buscando fomentar o letramento literário.

Letramento literário: Prática social e educacional que promove interação entre o leitor e o texto, cuja finalidade é construir/reconstruir significados em relação ao texto lido. Nesse sentido, o texto não é estático, mas direciona a novas interpretações vivenciadas pelo leitor.

Em relação a esse conceito de letramento literário, podem-se citar os estudos de Lajolo (1979, 1982), Cosson (2014) e Terra (2014). Magnani (1988, 1989), por sua vez, alertava para os perigos da ampla adoção do livro didático como único recurso orientador, tanto do professor como do aluno, nessa trajetória leitora, preconizando o encontro do aluno com o texto literário original e na íntegra. Assim, o que une tais teóricos do ensino da literatura é a inevitável necessidade de mudança do papel da leitura do texto literário, que deveria deixar de ser uma prática artificial, mecânica e estagnada e tornar-se algo mais dinâmico, transformador, construtor do conhecimento de forma crítica e reflexiva. Além disso, segundo tais autores, a literatura deveria ser abordada de forma interdisciplinar, tal como a própria legislação brasileira prevê.

Na Lei de Diretrizes e Bases da Educação (lei n. 9.394/1996), no Título 1, Artigo 1º, Parágrafo 2º, afirma-se que "a educação escolar deverá vincular-se ao mundo do trabalho e à prática social", o que significa que os conteúdos aprendidos na escola devem estar voltados para as reais necessidades dos alunos fora do espaço escolar. Os Parâmetros Curriculares para o Ensino Médio (1998, 2000) apontam para um ensino organizado a partir de eixos interdisciplinares e transversais, ou seja, um ensino além das fronteiras ou barreiras entre as diversas disciplinas escolares. Isso corrobora com a integração entre ensino de língua materna ou estrangeira e suas literaturas no Ensino Médio, objeto deste capítulo.

Desencapsulação: Tal como uma cápsula de medicamento, em que o invólucro isola o conteúdo interno e o impede de ter contato com o meio externo, na encapsulação escolar, os conteúdos das disciplinas estudadas na escola mantêm-se isolados da realidade fora da sala de aula. Além disso, podem manter-se isolados uns dos outros, na medida em que as diversas disciplinas sejam planejadas e ensinadas de forma isolada e fragmentada, ao contrário do que tende a ocorrer quando se trabalha de forma interdisciplinar, ou seja, a desencapsulação.

4.2 INTERDISCIPLINARIDADE E DESENCAPSULAÇÃO DO ENSINO

Como já dizia a educadora Ivani Fazenda desde os anos 1980, em estudos seminais sobre interdisciplinaridade, apenas um ensino pautado na integração entre as diversas áreas do conhecimento poderia potencializar uma aprendizagem mais integral e tornar o aluno crítico e capaz de enxergar na escola algo significativo, um *locus* de aprendizagem duradoura, para fora da sala de aula.

Essa visão é discutida por Engeström (2002, 1999), quando fala da necessidade de romper a encapsulação escolar, tão fortemente arraigada na educação básica, apesar de os estudos interdisciplinares e da legislação defenderem justamente o oposto. Wagenschein, na visão de Engeström, destaca que "aquilo que fragmenta não tem nada a ver com educação" (apud ENGESTRÖM, 2002, p. 180), ou seja, há educação apenas na medida em que se articulam conhecimentos e saberes entre si e com relação à realidade fora da escola. O autor ainda cita Resnick:

> *O processo de escolarização parece encorajar a ideia de que o "jogo da escola" é aprender regras simbólicas de vários tipos, de que não se supõe haver muita continuidade entre o que alguém sabe fora da escola e o que aprende na escola. [...] A escolarização cada vez mais parece isolada do resto daquilo que fazemos (apud ENGESTRÖM, 2002, p. 175).*

Na esteira do conceito de estudar a "vida que se vive" (MARX; ENGELS, 2006, p. 63), ou seja, a realidade fora da escola, os interesses dos alunos para além do que a escola considera relevante ser ensinado, Engeström defende uma aprendizagem em que alunos, docentes e demais participantes do contexto escolar possam participar criticamente. Nesse sentido, o letramento crítico, tal como discutido por Cosson (2014), parece fundamental no que diz respeito ao ensino de língua e literatura de forma interdisciplinar. Com relação aos conceitos de interdisciplinaridade, desencapsulação e letramento crítico, podemos também lembrar o de atividade social, tal como discutido por Liberali (2009).

Se os autores mencionados defendem o ensino interdisciplinar, crítico e desencapsulado, atualmente, isso é ainda mais intrinsecamente motivado pelos novos desafios enfrentados pelos professores, tais como promover o ensino de línguas e leitura em um mundo em que as novas tecnologias, como internet, televisão e celular, competem e dividem a atenção e o interesse dos alunos.

Em tempos de multiculturalidade, multimodalidade e multimidialidade, alguns autores (CORCHS, 2006; COSTA, 2010; PADILLA, 2010; GAZZOTTI e LIBERALI, 2014) vislumbram um ensino que vai além da conjunção entre as duas disciplinas – língua e literatura. Tal ensino é capaz de estimular no aprendiz o desejo de ampliar seus horizontes de linguagem e sua formação cultural, unindo novas tecnologias, novos modos, novas mídias e incluindo diferentes culturas, elementos fortemente presentes no cotidiano dos alunos fora da escola, que precisam ser levados em conta de forma integrada. É essa a perspectiva discutida por Liberali e Santiago (Capítulo 1).

Assim, temos, de fato, a desencapsulação da aprendizagem, o ensino interdisciplinar, ou até mesmo transdisciplinar, o fomento de criticidade dentro da escola e o ensino como prática social, tal

Atividade social: Contempla a participação de sujeitos dentro de uma comunidade, de acordo com a divisão de trabalho, sustentados por determinadas regras e usando artefatos ou instrumentos, visando um objeto compartilhado, ou seja, em comum. Dessa feita, não se trata de uma atividade comum, um mero conjunto de ações em sala de aula. Tem esse nome por estar social, histórico e culturalmente marcada.

Multiculturalidade: Diversidade de ideias provenientes de diferentes culturas. Aqui, cultura tem um sentido bastante amplo, englobando todo um conjunto de crenças, valores, conhecimentos, saberes que diferenciam e, ao mesmo tempo, aproximam as pessoas, sejam elas de cidades, países diferentes ou de uma mesma comunidade.

Multimodalidade: Representação de diferentes modos para produzir significados, podendo ser tanto verbais como verbo-visuais, sonoras etc.

Multimidialidade: Conhecimento transmitido e/ou adquirido por diferentes mídias, como, por exemplo, impressa, sonora, televisiva, virtual, entre outras. Ou seja, uma ampla variedade de artefatos que apresentam, organizam, dirigem, materializam e institucionalizam conteúdos (GRUPO LACE/CNPq- PUC/SP e Projeto Digitmed).

como discutem Monte Mór (2010) e Souza (2011), dentro da perspectiva dos multiletramentos e da formação de professores. Afinal, conforme apontado por Costa, a união entre língua estrangeira e literatura, ao que adicionamos um ensino multicultural, multimodal e multimídia, tem forte potencial para a expansão cultural e acadêmica do aluno, pois

> *Por meio da ficção, a criança [...] aprende a enfrentar sua realidade e viver além de sua vida imediata, vivenciando outras experiências. Por isso, seduz e encanta, mesmo sem tarefa, sem nota, sem prova, a literatura educa e, portanto, é importante pedagogicamente (COSTA, 2010, p. 1).*

Por essa concepção, é mister que haja uma conexão entre os conhecimentos articulados nos cursos, tanto de leitura como de literatura, e a construção de ideias e significados para além da sala de aula e dos muros da escola.

4.3 PROPOSTAS: COMO PREPARAR

4.3.1 Organizando uma sequência didática com currículo integrado

Com base na teoria apresentada na parte inicial deste capítulo, o primeiro passo para a organização de uma sequência didática com currículo integrado (interdisciplinar, multicultural, multimodal e multimídia) é o estabelecimento de papéis na configuração do projeto. Cada professor estabelece em uma reunião comum o que sua disciplina oferecerá ao aluno como caminho para o conhecimento. Nesse caso, a título de exemplificação, sugerimos que o encontro seja estabelecido entre professores de inglês/línguas estrangeiras, português, filosofia e história.

A sequência didática proposta está estruturada em conhecimentos duradouros (*enduring understandings*). Conforme discutido por Wiggins e McTighe (1998), seu fundamento está em resumir ideias fulcrais e processos centrais às disciplinas que devem perdurar por toda a vida do aluno além dos muros da escola. Assim, os responsáveis pelas disciplinas definem quais desses conhecimentos duradouros aplicam-se a seus cursos. Uma maneira prática de rever tópicos relevantes para o curso que incorporem os conhecimentos duradouros é a criação de perguntas essenciais (*essential questions*). Elas são respondidas ao longo da construção da unidade de trabalho.

Para a disciplina de língua inglesa (ou estrangeira) aqui contemplada, nossa proposta de sequência didática é intitulada

Conhecimentos duradouros: Tem base em sentenças que resumem ideias e processos centrais de uma disciplina, com valores que perduram além da sala de aula. Tais sentenças sintetizam o conhecimento que os alunos deveriam construir – não apenas saber nem fazer – como resultado do estudo de uma área (ou mais áreas) de conteúdo. Ademais, articulam o que os alunos devem rever durante o curso de suas vidas em relação às áreas do conhecimento (WIGGINS; MCTIGHE, 1998).

Perguntas essenciais: Perguntas abertas que promovem conexão entre o conteúdo da disciplina e os conhecimentos duradouros (WIGGINS; MCTIGHE, 1998). Podem ser provocadoras e permitir uma reflexão sobre o conteúdo lecionado.

"Blog Interdisciplinar". Os objetivos são a elaboração de um blog em cuja construção os alunos possam refletir sobre os assuntos em pauta em diferentes disciplinas, nas línguas materna e estrangeira. Nesse caso, promove-se a criticidade na fala e na escrita de postagens públicas e privadas, conectando a literatura ou o texto literário, como o conto, com vídeos virais (GRAHAM, 1999) na internet e postagens em redes sociais. Um dos professores encarrega-se de coordenar e editar o blog para que não haja conflitos em sua configuração, enquanto que os demais definem os papéis de sua disciplina na organização da sequência.

Nossas sugestões de conhecimentos duradouros para esta unidade em língua estrangeira são: como as ideias se perpetuam sem reflexão para a ação e como se dá o imediatismo na divulgação de informação ou de ações em redes sociais. As perguntas essenciais direcionadoras da construção desses conhecimentos são: como as ideias se tornam virais? Por que as pessoas decidem compartilhar e seguir uma ideia? Quanto há de entendimento, reflexão e criticidade no compartilhamento dessas ideias? Como posicionar-se de uma maneira crítica em relação ao que é compartilhado nas redes sociais como o Facebook?

No quadro a seguir, vemos como essa sequência pode funcionar de maneira prática.

Vídeos virais: São mensagens virtuais de grande aceitação, com conceitos ampla e rapidamente divulgados pela internet. Seu poder de sedução é de vasta magnitude, o que incentiva os consumidores a passar tais vídeos adiante. Dessa maneira, criam-se multiplicadores dessas mensagens.

Blog: Diversas plataformas oferecem a criação gratuita de blogs. O professor coordenador do *blog* de estudo constrói o modelo básico, permitindo que os outros o fomentem com as discussões. Os alunos também possuem acesso direto à plataforma para postar seus comentários e reflexões.

Organização: Cada disciplina elabora um quadro organizador com elementos básicos (atividade social, objetivos e conteúdos específicos da matéria, contexto de produção de cada gênero apresentado, recursos linguísticos) nas reuniões de planejamento e integração curricular. Consequentemente, todos os participantes acompanham o processo na íntegra.

Quadro 4.1 – Atividade social: criação do "Blog Interdisciplinar"

Objetivos	**Compreensão escrita:**
	Sugerimos dois gêneros para o trabalho: verbete e conto.
	1. Identificar elementos fundamentais pertinentes à estrutura dos gêneros (definição e narrativa curta).
	2. Apontar e relacionar os aspectos linguísticos específicos dos gêneros.
	Para o verbete:
	1. Localizar as definições do conceito-chave (vídeo viral).
	2. Identificar as estruturas linguísticas utilizadas para definir o conceito-chave.

(continua)

Quadro 4.1 – Atividade social: criação do
"Blog Interdisciplinar" *(continuação)*

Objetivos	
	Para o conto:
	1. Apontar a estrutura elementar (introdução, conflito, clímax, resolução).
	2. Examinar o título e constatar seus objetivos e relevância para o curso da narrativa.
	3. Investigar o fio narrativo e levantar hipóteses sobre as intenções do autor.
	4. Inferir no final da história.
	5. Debater e constatar as escolhas do autor.
	Produção escrita:
	Para o comentário:
	1. Organizar em forma de anotação seu comentário (sobre o que é, quais são os exemplos, qual sua opinião).
	2. Retomar as anotações e avaliar os aspectos linguísticos pertinentes: uso de generalizações (presente simples, conectivos adequados a cada parte da postagem).
	3. Redigir esboços e texto final.
	Para a narrativa curta:
	1. Antecipar o vocabulário.
	2. Reconhecer e aplicar as estruturas linguísticas fundamentais (vocabulário, tempos verbais e conectivos).
	Compreensão oral:
	1. Reconhecer e interpretar a linguagem específica de vídeos curtos.
	Produção oral:
	1. Apresentar pontos de vista e opiniões a respeito do tema central e da estrutura do conto.
	2. Interagir de forma efetiva, experimentando novas estruturas e ideias geradas nas discussões e leituras da aula e utilizando corretamente as regras de pronúncia e organização textual da norma-padrão.

(continua)

Quadro 4.1 – Atividade social: criação do
"Blog Interdisciplinar" *(continuação)*

Contexto de produção do conto	1. Quem escreve: escritores, estudantes, interessados em literatura. 2. Quem lê: interessados e estudiosos da literatura. 3. O que faz o escritor: apresenta (com recursos literários) narrativas que são construídas em torno de um acontecimento central. 4. O que faz o leitor: apropria-se da narrativa e a compartilha. 5. Onde se escreve: em sala de aula, livros didáticos, obras literárias, blogs, revistas literárias. 6. Onde se lê: em sala de aula, casa, bibliotecas ou quaisquer outros lugares que promovam construção de conhecimento. 7. Quando se escreve: quando há inspiração para contar uma história. 8. Quando se lê: a qualquer momento. 9. Por que se escreve: para compartilhar uma história. 10. Por que se lê: por prazer, para construir conhecimentos e mostrar entendimento do gênero.
Contexto de produção da postagem	1. Quem escreve: escritores, jornalistas, estudantes, interessados em jornalismo e debates sociais. 2. Quem lê: estudantes, jornalistas, curiosos sobre problemas e questões sociais. 3. O que faz o escritor: apresenta uma opinião ou uma vivência pessoal/coletiva. 4. O que faz o leitor: apropria-se do conhecimento compartilhado. 5. Onde se escreve: em blogs e outras redes. 6. Onde se lê: em quaisquer lugares que promovam construção de conhecimento. 7. Quando se escreve: quando houver um assunto que incite o compartilhamento e a discussão. 8. Quando se lê: a qualquer momento. 9. Por que se escreve: para fazer-se ouvir e expressar sua opinião. 10. Por que se lê: para descobrir, confirmar, aprofundar ou modificar seu conhecimento sobre o tema.

(continua)

Quadro 4.1 – Atividade social: criação do
"Blog Interdisciplinar" *(continuação)*

Gêneros	Verbete, conto, postagem e comentários em blog, vídeos persuasivos.
Recursos linguísticos	1. Presente e passado simples. 2. Conjunções. 3. Expressões que marcam opinião, concordância, discordância etc.

Para organizar a sequência das atividades sugeridas na unidade, apresentamos o esquema a seguir.

Quadro 4.2 – Sequência didática da atividade social: criação do
"Blog Interdisciplinar"

Semana 1	– Introduzir o tema por meio de visualizações de vídeos virais.
	Sugestões:
	1. *Ice Bucket Challenge*. Disponível em: <www.youtube.com/watch?v=C8_Y70XBUN4>. Acesso em: 5 set. 2014;
	2. *Kony 2012*. Disponível em: <www.youtube.com/watch?v=Y4MnpzG5Sqc>. Acesso em: 5 set. 2014.
	– Identificar e examinar conhecimentos duradouros e perguntas essenciais da unidade.
	– Ler verbetes com definições sobre vídeos virais.
	Sugestões:
	1. *Technopedia*. Disponível em: <www.techopedia.com/definition/26863/viral-video>. Acesso em: 5 set. 2014;
	2. *PC Mag*. Disponível em: <www.pcmag.com/encyclopedia/term/58238/viral-video>. Acesso em: 5 set. 2014.
	– Identificar os elementos básicos de uma postagem e comentários em um blog.
	– Reconhecer e experimentar aspectos linguísticos pertinentes a comentários de blog: conectivos que expressem opinião, concordância, discordância e conclusão, tempos verbais (presente e passado simples).

(continua)

Quadro 4.2 – Sequência didática da atividade social: criação do "Blog Interdisciplinar" *(continuação)*

Semana 2	– Analisar e diferenciar o uso de conectivos e tempos verbais na estrutura do comentário. – Redigir a primeira postagem no blog (em escrita processual) com expectativas sobre o tema. – Fazer leitura compartilhada das postagens dos alunos, procurando incitá-los a refletir mais profundamente sobre o tema. – Ler e interpretar o conto "The man who shouted Teresa", de Italo Calvino (Anexo 4.3).
Semana 3	– Reconhecer e analisar verbos no passado simples que expressam uma sequência narrativa. – Redigir uma narrativa no blog de um evento cômico acontecido com os alunos, usando os verbos no passado simples. – Fazer a leitura em pares da narrativa e postar um comentário sobre o evento narrado pelo colega.
Semana 4	– Revisar os fundamentos sobre as ideias virais e a conexão com o conto. Sugestão: neste momento, pode-se introduzir outras disciplinas no debate sobre o tema.
Semana 5	– Esboçar uma postagem final do tema, englobando todas as discussões realizadas nas aulas das disciplinas envolvidas. – Revisar o texto em escrita processual na aula de língua estrangeira. – Submeter o texto final em postagem no blog.

Escrita processual: Uma aprendizagem gradativa de consciencialização linguística e textual, em escrita. Promove o aperfeiçoamento de competências de análise, estudo e experimentação do texto em questão, implica na aplicação das operações cognitivas de planificação, textualização e revisão. Envolve um processo iniciado pela primeira versão do texto escrito pelo aluno, a leitura por pares e pelo professor, a leitura de retorno para exame e constatação do erro como ferramenta de aprendizagem e, por fim, a redação do texto final.

Na apresentação do tema, o professor inicia a sequência mostrando vídeos com campanhas virais nas redes sociais. Há sugestões de vídeos virais e verbetes no Quadro 4.2.

Primeiramente em pares e depois com todos, os alunos são incitados a discutir as seguintes questões: *What do these images represent? What do they have in common? What is your opinion about them?* Neste momento, é esperado que os alunos ainda não tenham uma opinião crítica e/ou linguisticamente fluente sobre o tema. Após o breve compartilhamento de impressões sobre o tema, o professor informa aos alunos que, ao final da unidade de trabalho, todos terão uma opinião mais complexa e formada sobre o que são as ideias virais e suas consequências nas redes sociais. Nesse momento, o professor pode apresentar o conhecimento duradouro e as questões essenciais, discutindo os objetivos do trabalho por meio da leitura de verbetes com definições de vídeos virais.

Na aula seguinte, os alunos são expostos a vários comentários feitos em blogs com o intuito de identificar os elementos básicos e os comentários nesse veículo (Anexo 4.1). Sugerimos que o professor selecione comentários feitos em blogs sobre assuntos recentes. Tais postagens podem apresentar exemplos do uso de palavras e expressões usadas para declarar opinião, concordância, discordância ou conclusão sobre um tema.

Após terem identificado e experimentado os aspectos linguísticos pertinentes a comentários de blog, os alunos são convidados a escrever sua primeira postagem sobre o tema, usando como base a ficha *"Planning your blog comment"* (Anexo 4.2).

A etapa seguinte é o estudo de gênero. Sugerimos o conto "The man who shouted Teresa", de Italo Calvino (Anexo 4.3). Nesta etapa, o professor pode encorajar os alunos a prever e inferir sobre o assunto do conto, baseados em seu título. O professor pode usar as seguintes perguntas direcionadoras da discussão sobre a pré-leitura do conto: *Where do you think the story happens? Why would someone shout Teresa? What would be the relationship between them?*. Também pode aproveitar para elucidar a diferença entre *shout at Teresa* e *shout Teresa*.

Dando prosseguimento, é feita a leitura do texto (Anexo 4.3), seguida pela discussão em pares das perguntas feitas anteriormente pelo professor. Na próxima fase, sugerimos que seja completada a ficha de leitura do conto (Anexo 4.4). A seguir, o professor pode fazer o trabalho com os verbos no passado e encorajar os alunos a escrever sobre um evento cômico no blog.

Na semana seguinte, os alunos relacionam as ideias virais, o conto e outras matérias. Por fim, usando novamente a ficha *"Planning your blog comment"* (Anexo 4.2), os alunos esboçam, revisam e fazem a postagem final de suas ideias a respeito dos vídeos virais, tendo em mente as perguntas essenciais propostas no começo desta sequência didática.

PARA FINALIZAR

À guisa de conclusão, salientamos que nossa proposta teórico-prática foi mostrar como é possível trabalhar com atividades sociais integrando conteúdos de língua, literatura e recursos da internet de forma a fomentar uma aprendizagem crítica, multicultural, multimodal, multimídia e, consequentemente, transdisciplinar no Ensino Médio. Assim, desejamos propor formas de ensino que focalizem "a vida que se vive", ou seja, a integração de currículos e desencapsulação da aprendizagem na educação básica, atendendo a legislação vigente e os anseios, interesses e necessidades dos alunos do século XXI.

REFERÊNCIAS BIBLIOGRÁFICAS

CALVINO, I. The man who shouted Teresa. In: _____. **Numbers in the dark and other stories**. Tradução de Tim Parks. New York: Vintage Books, 1996. Disponível em: <http://biblioklept.org/2011/05/12/the-man-who-shouted-teresa-italo-calvino/>. Acesso em: 5 set. 2014.

COPE, B.; KALANTZIS, M. **Multiliteracies**: literacy learning and the design of social futures. London: Routledge, 2000.

CORCHS, M. **O uso de textos literários no ensino de língua inglesa**. 2006. 97 f. Dissertação (Mestrado em Linguística Aplicada) – Universidade Estadual do Ceará, Fortaleza, 2006.

COSSON, R. **Letramento literário**: teoria e prática. São Paulo: Contexto, 2014.

COSTA, L. D. O papel dos livros, da leitura e do conhecimento da literatura na construção do indivíduo em formação, em sala de aula e nas intervenções pedagógicas. **Revista Literatura** [online], São Paulo, 2010. Disponível em: <http://literatura.uol.com.br/literatura/figuras-linguagem/37/artigo225090-2.asp>. Acesso em: 5 set. 2014.

ENGESTRÖM, Y. **Perspectives on activity theory**. Cambridge: Cambridge University Press, 1999.

_____. Non scolae sed vitae dsicimus: como superar a encapsulação da aprendizagem escolar. In: DANIELS, H. **Uma introdução a Vygotsky**. São Paulo: Loyola, 2002. p. 175-197.

GAZZOTTI, D.; LIBERALI, F. C. Resolução de conflitos em contexto de educação bilíngue infantil: em busca de desenvolvimento multicultural. **Revista Brasileira de Linguística Aplicada**, Belo Horizonte, v. 14, n. 2, p. 313-334, 2014.

GRAHAM, J. What does viral marketing really mean? **ClickZ**, New York, 11 out. 1999. Disponível em: <www.clickz.com/clickz/column/1715476/what-does-viral-marketing-really-mean>. Acesso em: 6 out. 2014.

LAJOLO, M. **Usos e abusos da literatura na escola (Bilac e a literatura escolar na República Velha)**. 1979. Tese (Doutorado) – Universidade de São Paulo, São Paulo, 1979. Mimeografado.

_____. Texto não é pretexto. In: ZILBERMAN, R. (Org.). **A leitura em crise na escola**: as alternativas do professor. Porto Alegre: Mercado Aberto, 1982. p. 51-62.

LIBERALI, F. C. **Atividade social nas aulas de língua estrangeira**. São Paulo: Moderna, 2009.

MAGNANI, M. R. M. A leitura escolarizada. **Leitura: Teoria & Prática**, Campinas, n. 11, p. 15-21, 1988.

_____. **Leitura, literatura e escola**: sobre a formação do gosto. São Paulo: Martins Fontes, 1989.

MARX, K.; ENGELS, F. **A ideologia alemã**: teses sobre Feuerbach; Karl Marx; Friedrich Engels. 9. ed. São Paulo: Centauro, 2006.

MONTE MÓR, W. M. Multimodalidades e comunicação: antigas novas questões no ensino de línguas estrangeira. **Revista Letras & Letras**, Uberlândia, v. 26, n. 2, p. 469-476, jul./dez. 2010. Disponível em: <www.seer.ufu.br/index.php/letraseletras/article/view/25637/14176>. Acesso em: 27 set. 2014.

PADILLA, O. N. G. **O texto literário no ensino de espanhol como língua estrangeira**: experiências com a poesia de César Vallejo. 2010. 203 f. Dissertação (Mestrado em Letras) – Universidade do Estado do Rio Grande do Norte, Pau dos Ferros, 2010.

SOUZA, L. M. T. M. O professor de inglês e os letramentos do século XXI: métodos ou ética?. In: JORDÃO, C. M.; MARTINEZ, J.; HALU, R. (Org.). **Formatação "desformatada"**: práticas com professores de língua inglesa. Campinas: Pontes, 2011. p. 285-298.

TERRA, E. **Leitura do texto literário**. São Paulo: Contexto, 2014.

WIGGINS, G.; MCTIGHE, J. **The understanding by design handbook**. Alexandria: ASCD, 1998.

ZILBERMAN, R. Sim, a literatura educa. In: ZILBERMAN, R.; SILVA, E. **Literatura e pedagogia**. Porto Alegre: Mercado Aberto, 1990. p. 12-20.

Sugestões de leitura

MORTATTI, M. do R. L. Na história do ensino da literatura no Brasil: problemas e possibilidades para o século XXI. **Educar em Revista**, Curitiba, n. 52, p. 23-43, abr./jun. 2014. Disponível em: <www.scielo.br/pdf/er/n52/03.pdf>. Acesso em: 5 nov. 2014.

SILVA, D. A. R; FRITZEN, C. Ensino de literatura e livro didático: uma abordagem a partir das pesquisas na pós-graduação brasileira. **Revista Contrapontos: Eletrônica**, Itajaí, v. 12, n. 3, p. 270-278, set./dez. 2012. Disponível em: <http://siaiweb06.univali.br/seer/index.php/rc/issue/view/207/showToc>. Acesso em 5 nov. 2014.

Anexo 4.1 – Ficha de análise de comentários de blog

Analyzing the blog comment

Take a look at the blog comments and identify:

a) the topic

b) the verb tenses commonly used in the post. Are they mainly in the present, past or future?

c) the words that connect the ideas (highlight them in yellow).

d) the expressions used to state an opinion, agree, disagree, exemplify or conclude something.

e) with the help of your teacher and peers, write a short paragraph, with five sentences, using the vocabulary highlighted in **b** and **c** that expresses your opinion about the viral videos.

Anexo 4.2 – Ficha de planejamento da escrita do comentário no blog

Planning your blog comment

1. Introduce your comment by connecting it to something previously mentioned in the post.

2. Express your opinion about the topic, agreeing, disagreeing or adding something else.

3. Propose a question and/or write a conclusion about the theme.

Important: The words and expressions you highlighted on the "Analyzing the blog comment" task sheet can be very useful here.

The man who shouted Teresa

Italo Calvino

I stepped off the pavement, walked backwards a few paces looking up, and, from the middle of the street, brought my hands to my mouth to make a megaphone, and shouted toward the top stories of the block: "Teresa!"

My shadow took fright at the moon and huddled at my feet.

Someone walked by. Again I shouted: "Teresa!" The man came up to me and said: "If you do not shout louder she will not hear you. Let's both try. So: count to three, on three we shout together." And he said: "One, two, three." And we both yelled, "Tereeeesaaa!"

A small group of friends passing by on their way back from the theater or the café saw us calling out. They said: "Come on, we will give you a shout too." And they joined us in the middle of the street and the first man said one to three and then everybody together shouted, "Te-reee-saaa!"

Somebody else came by and joined us; a quarter of an hour later there were a whole bunch of us, twenty almost. And every now and then somebody new came along.

Organizing ourselves to give a good shout, all at the same time, was not easy. There was always someone who began before three or who went on too long, but in the end we were managing something fairly efficient. We agreed that the "Te" should be shouted low and long, the "re" high and long, the "s" low and short. It sounded fine. Just a squabble every now and then when someone was off.

We were beginning to get it right when somebody, who, if his voice was anything to go by, must have had a very freckled face, asked: "But are you sure she is home?"

"No," I said.

"That is bad," another said. "Forgotten your key, have you?"

"Actually," I said, "I have my key."

"So," they asked, "why don't you go on up?"

"I don't live here," I answered. "I live on the other side of town."

"Well, then, excuse my curiosity," the one with the freckled voice asked, "but who lives here?"

"I really wouldn't know," I said.

People were a bit upset about this.

"So, could you please explain," somebody with a very toothy voice asked, "why you are down here calling out Teresa."

"As far as I am concerned," I said, "we can call out another name, or try somewhere else if you like."

The others were a bit annoyed.

"I hope you were not playing a trick on us," the freckled one asked suspiciously.

"What," I said, resentfully, and I turned to the others for confirmation of my good faith. The others said nothing.

There was a moment of embarrassment.

"Look," someone said good-naturedly, "why don't we call Teresa one more time, then we go home."

So we did it one more time. "One two three Teresa!" but it did not come out very well. Then people headed off for home, some one way, some another.

I had already turned into the square when I thought I heard a voice still calling: "Tee-reee-sa!"

Someone must have stayed on to shout. Someone stubborn.

Anexo 4.4 – Ficha de leitura e análise do conto

Short story reading form	
1. Title	a) What is its relation with the story? b) How does it help you infer the plot?
2. Author	a) Who's he/she? b) In what language did he/she write the original text? c) When did he/she write this text?
3. Literary space	Where does the action take place?
4. Literary time	When does the action take place?
5. Number of pages/paragraphs	
6. Characters	
a. Protagonist/main character	
b. Antagonist	
c. Supporting characters	
7. Plot	What's this story about?
a. Introduction to the conflict	a) How does the action start? b) What's the problem?
b. Triggering action	How are the other characters involved in the action?
c. Climax	What is the main action that leads to the peak of the conflict?
d. Resolution	How is the problem solved?
8. Topics discussed	

(continua)

Anexo 4.4 – Ficha de leitura e análise do conto *(continuação)*

Short story reading form	
9. Relation to real life	a) How possible is such a situation? b) Have you ever experienced such a thing? c) Where do you believe this kind of situation would happen for real?
10. Your opinion/recommendation	a) What do you think about this text? b) How do you feel after reading it? Why? c) Who do you think would like to read it? Why?

5

Projeto de pesquisa no Ensino Médio e a contribuição da área de inglês

Feliciana Amaral

Maria Cristina Meaney

5.1 INTRODUÇÃO

Neste capítulo, temos como objetivo apresentar uma proposta de trabalho com projetos pessoais na disciplina de Inglês no Ensino Médio. Embora o trabalho com projetos possa ser compreendido como um organizador curricular por alguns autores (HERNANDEZ; VENTURA, 1998; COLL, 1996), os documentos oficiais que prescrevem e orientam o currículo desse segmento e, acima de tudo, os exames seletivos para os quais grande parte das escolas de Ensino Médio prepara nossos alunos têm inviabilizado tal organização. Os raros projetos encontrados nesse segmento de ensino aparecem como propostas extracurriculares, desenvolvidas em horários extras, ou são usados como apêndice ao currículo, em uma tentativa de aprofundar conteúdos já propostos, vinculando-os à realidade ou aplicando-os a algum contexto. No primeiro caso, os projetos são predeterminados e os alunos optam ou não por vincular-se a ele. Na segunda opção, os alunos são orientados a escolher um tema e desenvolvê-lo em um curto período, com vistas a ilustrar determinado conteúdo. Em nenhum dos casos, porém, os interesses pessoais do aluno e sua participação no desenho metodológico do trabalho são objeto de estudo.

Propomos, neste capítulo, uma alternativa ao trabalho com projetos de pesquisa no Ensino Médio. Consideramos as necessidades de ressignificação do mundo por esses jovens, ao mesmo tempo que os auxiliamos na preparação para uma vida acadê-

Língua internacional: Em um mundo globalizado e com tecnologias que aproximam povos e viabilizam diferentes possibilidades de comunicação, a adoção do inglês como língua majoritariamente utilizada em situações acadêmicas, de negócios, de turismo, entre outras, confere-lhe *status* de *língua internacional*. Ensinar-aprender inglês como *língua internacional* implica conhecer e ratificar as diversas possibilidades de interação nesse idioma, não só aquelas produzidas por seus falantes nativos.

mica reflexiva e plena. Além disso, tomando o inglês como *língua internacional*, a proposta insere o aluno na multiplicidade de um mundo globalizado e amplia as possibilidades de conhecer e vivenciar além das amarras dos currículos.

Ancorados em uma perspectiva sócio-histórico-cultural de produção de conhecimento (VYGOTSKY, 2000), entendemos que este não pode ser depositado no aluno de maneira passiva. É preciso produzir na própria vivência do indivíduo e no embate entre suas ideias e aquelas com as quais depara nas diversas atividades nas quais se envolve. Nessa concepção, é dever da escola desafiar verdades e certezas, desestabilizar conhecimentos preconcebidos, oferecer diferentes visões sobre o mesmo assunto e instaurar debate/embate de ideais, levando a ampliação das possibilidades de ser do aluno.

Para Liberali (2012), a escola tem papel fundamental na constituição de cidadãos atuantes na sociedade em que vivem, indivíduos que possam almejar e atuar na transformação consciente do mundo. Um processo de ensino-aprendizagem pautado na interação e na intervenção entende os educandos como agentes de seu desenvolvimento e procura envolvê-los na construção de seu próprio conhecimento. Já para Menezes de Souza (2011, p. 290), educar na complexidade do mundo moderno implica enfatizar a agência do aprendiz. Ainda destaca que as ações dos educadores devem tomar o aluno como um ser que tem independência para buscar, selecionar, aprender e interagir. Só assim nós o preparamos para agir neste mundo complexo, "rizomático", que nos constitui como indivíduos múltiplos.

É a partir desses pressupostos que instauramos nossa proposta de trabalhar com projetos de pesquisa no Ensino Médio na disciplina de Língua Inglesa.

Atividades sociais: Organizar o currículo em *atividades sociais* implica compreender as condições históricas e culturais em que a atividade está inserida, prever as ações que possibilitam a realização de um objetivo determinado e selecionar os conteúdos – gêneros, vocabulário, estruturas gramaticais, funções – que materializam tais ações. Esses conteúdos, além de analisados, passam a ser *performados* na atividade.

5.2 PROJETO DE PESQUISA E PRODUÇÃO DE CONHECIMENTO NA AULA DE INGLÊS

De modo geral, um projeto pode ser definido como planejamento e execução de ações com vistas a alcançar um objetivo. De forma tão abrangente, o planejamento de uma viagem ou de uma festa pode ser considerado um projeto. Estabelece-se, assim, uma estreita ligação entre projetos e *atividades sociais*, que têm sido utilizadas como organizadores curriculares em contextos de escolas particulares e públicas, principalmente no ensino-aprendizagem de língua estrangeira (ver Capítulo 1).

Com base em uma perspectiva sócio-histórico-cultural, esta proposta de trabalho pauta-se na organização de ações dirigidas à concretização de um objeto.

Ao trabalhar com atividades sociais, de acordo com Liberali (2009), pressupõe-se que os sujeitos estão em interação com outros em contextos culturais determinados e historicamente dependentes. Dessa forma, podemos conceber que os sujeitos possam fazer escolhas e tomar decisões sobre quem são e vislumbrar quem querem ser.

Embora seja perfeitamente possível dizer que *desenvolver um projeto de pesquisa* seja uma *atividade social* que se realiza em um ambiente educacional, é necessário prever que sua condução na escola requeira uma organização específica. Ao conduzir um projeto de pesquisa, o aluno parte de necessidades pessoais – curiosidades, questionamentos ou anseios – e define um trajeto que possibilita atendê-las. Para isso, sistematiza procedimentos e conceitos que antes não possuía, produzindo, assim, conhecimentos novos.

Para Vygotsky (2011), a escola possui função preponderante no processo de construção de conhecimento, já que tem por objetivo disseminar conceitos científicos. Tais conceitos são constituídos de saberes sistematizados e de significados cristalizados pelas relações sócio-histórico-culturais, com intervenção do processo de escolarização. Os conceitos cotidianos, por sua vez, são constituídos da prática do dia a dia do sujeito, sem intervenção da educação sistematizada.

Quando se trata da introdução do aluno no projeto de pesquisa de escolha pessoal, a produção criativa de conhecimento entrelaça conceitos cotidianos e científicos, em uma relação dialética, já que, apesar de se desenvolverem em trajetórias diferentes, são processos estreitamente relacionados. Nesses processos, os conceitos cotidianos emergem e influenciam os conceitos científicos, ampliando os primeiros e produzindo aprendizagens que impulsionam o desenvolvimento do aluno, de forma que ele passe a agir e a pensar além do que fazia antes.

5.3 COMO PLANEJAR UM TRABALHO COM PROJETOS EM LÍNGUA INGLESA (LI) NO ENSINO MÉDIO

O primeiro ponto a ser pensado ao se adotar um projeto de pesquisa em LI no Ensino Médio é precisar quanto tempo efetivamente vai ser dedicado a ele. Avaliar as condições reais de trabalho e as demandas escolares para definir as dimensões possíveis do projeto é vital para sua viabilização. Assim, se o professor possui apenas duas aulas por semana e demandas institucionais a cumprir, torna-se fundamental delimitar quantas aulas vai poder dedicar ao projeto. Idealmente, alocaríamos uma aula semanal para esse trabalho. Entretanto, quando isso não for possível, é essencial dedicar ao menos uma aula mensal, na qual possa orientar os alunos, discutir gêneros e planos metodológicos de interesse comum, promover momentos de compartilhamento de trabalhos em andamento e, ainda, sugerir tarefas a serem realizadas em horários de estudo.

Pode-se iniciar compartilhando a ideia com os alunos e explicando que se trata de um projeto a ser desenvolvido ao longo dos três anos do Ensino Médio, durante os quais vão poder estudar coisas que realmente interessem a eles. Os alunos vão precisar ler, ver, ouvir, resumir, selecionar e analisar informações, produzir conclusões e comunicar os resultados de sua pesquisa. Devem saber que isso demanda algum tempo de dedicação e estudo. Resumindo, vão experimentar o que é ser um pesquisador.

Algumas estratégias podem ser utilizadas para dar início ao trabalho. Primeiramente, é preciso delimitar um tema de interesse do pesquisador, no caso, os alunos. Sua escolha deve ser algo que de fato interesse a eles. Para ajudá-los nessa escolha, pode-se propor um *brainstorming* a partir de algumas perguntas disparadoras de ideias (*What bothers/interests/triggers you?*) e pedir que registrem rapidamente tudo o que lhes vier à mente. Em seguida, orientá-los a procurar nas ideias listadas pontos de intersecção ou a agrupá-las em temas. Outra possibilidade é solicitar que façam isso em pares ou pequenos grupos e montem um mapa conceitual com as ideais geradas.

A partir da análise do *branstorming* ou do mapa conceitual, os alunos optam individualmente por um tema de pesquisa, justificando sua escolha a partir da importância do tema escolhido, de sua relevância. Precisará, assim, defender a condução do projeto, utilizando argumentos que convençam aos outros sobre a importância de seu trabalho e a contribuição que trará ao grupo. Desse modo, assumir o projeto é também se comprometer socialmente acerca de determinado conhecimento e apresentá-lo como contribuição para sua comunidade.

É comum, entretanto, que os alunos se mostrem fascinados por certo tema que lhes parece extremamente interessante, mas que, dificilmente, poderia desencadear um projeto de pesquisa. Nesse sentido, apresentamos um exemplo de uma escolha ingênua do ponto de vista do professor, mas significativa para o aluno: o tema "cantor preferido".

Antes de dissuadi-lo de embrenhar-se em uma pesquisa essencialmente bibliográfica, que poderia ser encerrada com uma pequena busca no Google, por exemplo, o professor pode pedir ao aluno que formule questões norteadoras de seu projeto, como: o que você precisa descobrir sobre o seu tema, o que de interessante poderia ser investigado. De posse de suas primeiras perguntas de pesquisa, convém questionar o aluno se seria possível respondê-las com a utilização de uma simples ferramenta de busca. Em caso afirmativo, são perguntas bibliográficas e não perguntas de pesquisa, ou seja, perguntas que necessitem de uma investigação para serem respondidas. Muitas vezes, ao satisfazer essa curiosidade inicial, o aluno abandona o tema ou se interessa por alguma questão levantada por um filme, uma letra de música ou um evento na vida de seu cantor favorito. É preciso ter sempre em mente que o processo de investigação implica em reformulações constantes, inclusive de seus objetivos. Por isso, é necessário compreender e mediar essas mudanças, em vez de propor um modelo de trabalho engessado.

O quadro a seguir apresenta um exemplo desse tipo de escolha e de como o processo investigativo protagonizado por uma aluna possibilitou que ela reformulasse completamente seus objetivos. Isso indica que, ao conduzir esse projeto, ela não só aprendeu conteúdos ligados ao tema que escolheu como também, e principalmente, a fazer pesquisa. Pode-se acompanhar claramente o avanço entre o conhecimento cotidiano – "descobrir o porquê da fama" – e o conhecimento científico alcançado na busca pela conceitualização de *bullying* e resiliência, a que ela chegou ao responder suas perguntas. A intervenção do professor nesse processo é essencial para que o aluno avance.

	Fase inicial	**Fase final**
Justificativa	A cantora norte-americana (X) encanta milhares de fãs e, por esse motivo, escolhi investigar como se tornou tão famosa.	As letras da cantora falam de sofrimento e de superação; por essa razão, a cantora foi escolhida como tema de pesquisa.

(continua)

	Fase inicial	Fase final
Objetivo	Investigar como a cantora norte-americana (X) ficou tão famosa.	Compreender o que é *bullying*, identificar suas consequências, a forma como interfere na visão de mundo da vítima e os modos de superar as consequências psicológicas.
Perguntas de pesquisa	Por que essa cantora ficou tão famosa?	Que consequências o *bullying* pode ter? Como uma cantora que sofreu *bullying* conseguiu superá-lo? Como é possível superar o *bullying*?

Também de difícil condução em um projeto pessoal são os temas muito generalizantes, como esperança, juventude ou liberdade. São temas filosóficos que se originam da necessidade constante que o adolescente tem de (re)definir o mundo e a si mesmo. A complexidade do tema dificulta a delimitação de perguntas de pesquisa e a dureza dos muitos artigos dedicados a esses temas podem tornar o percurso árduo demais, gerando desmotivação. Novamente, a intervenção do professor é essencial na compreensão dos motivos que desencadearam tal interesse, na delimitação do campo de pesquisa e no planejamento das ações que vão compor o processo de investigação. No quadro a seguir, vemos como um trabalho com esse tema foi modificado depois de tais intervenções.

	Fase inicial	Fase final
Justificativa	A esperança foi escolhida, pois é um sentimento muito importante que precisa estar presente em todas as pessoas.	O sentimento de esperança está presente nas pessoas que têm mais necessidades; por esse motivo, o tema foi escolhido.
Objetivo	Investigar se as pessoas esperançosas têm mais ganhos do que uma pessoa negativa.	Diferenciar esperança de otimismo; investigar a relação entre esses dois conceitos e o enfrentamento de adversidades.

(continua)

	Fase inicial	**Fase final**
Perguntas de pesquisa	Por que a maioria das pessoas carentes tem mais esperança?	O que diferencia a esperança do otimismo? Como manter a esperança ou o otimismo nas situações mais cruéis? As pessoas esperançosas são mais felizes? E as otimistas?

Uma vez formulado o problema, o aluno precisa elaborar uma hipótese inicial para confrontá-la com a final, traçando um plano de ação, mesmo que seja alterado a cada nova descoberta. Tais alterações são comuns após a mediação de professores e colegas ou depois da análise de algum material.

Em seguida, possivelmente no 2º ano, será preciso estabelecer as fontes que vão embasar o projeto. É importante também que haja interlocução com outras disciplinas para elaborar questões conceituais e ampliar o olhar do aluno. Para isso, o professor de inglês deve procurar estabelecer parcerias com outros professores da instituição, de modo que os alunos possam ser coorientados por outros profissionais, preferencialmente aqueles cuja especialidade mais se aproxima dos temas escolhidos.

A fim de definir o aporte teórico, é preciso buscar o que já foi escrito ou feito sobre o tema. Ferramentas de busca como Google, sites de universidades, bibliotecas ou mesmo um profissional da área são algumas das possibilidades de acesso a materiais relevantes à pesquisa. O professor deve orientar os alunos a manter um registro claro, de fácil acesso a suas fontes, já que vão compor suas referências. Alunos com temas semelhantes podem socializar fontes e experiências. Essa mediação entre pares também produz avanços significativos.

Nesse ponto, é preciso ressaltar a importância das estratégias de leitura. O professor pode planejar um momento para orientar o grupo de alunos a selecionar informações em um texto a partir de marcas, como títulos, subtítulos e resumos. Também é importante identificar no texto marcas lexicais que comumente introduzem seus aspectos essenciais, como os objetivos (*objective*; *aims*).

A ampliação do repertório do aluno configura-se como um ponto essencial do trabalho com projetos. É um momento de descentralização e de contato com o pensamento do outro que, por sua vez, vai entrar em contato com o dele, em um processo ativo de ressignificação do conhecimento. É a partir de leituras, discussões e enfrentamento de diferentes pontos de vista que o aluno toma consciência de si e de suas ideias. Nas palavras de Bakhtin, "a consciência do homem desperta envolta na consciência do outro" (1992, p. 378).

Os materiais de pesquisa não devem restringir-se a textos acadêmicos. Livros, jornais, revistas, sites, artigos, periódicos, filmes e entrevistas são fontes legítimas de conhecimento, desde que exploradas com criticidade. Espera-se que o aluno busque informações em uma variedade de fontes, o que confere maior credibilidade à pesquisa. No entanto, nem todos os materiais utilizados precisam estar em inglês. O aluno pode ler um artigo em português e tomar notas ou resumi-lo em inglês. Porém, é desejável que alguns desses materiais sejam acessados na língua-alvo, pois são fonte de vocabulário essencial à comunicação dos resultados da pesquisa.

A exploração desses materiais precisa estar sempre atrelada aos objetivos do projeto. Uma boa maneira de garantir isso é manter os objetivos e as perguntas de pesquisa sempre a mão e perguntar-se ao entrar em contato com cada fonte: em que medida isso responde às minhas perguntas? Como as informações coletadas aqui se relacionam com as coletadas em outras fontes?

Nesse momento, além de ler, resumir ou fichar, é importante coletar citações, pois às vezes é importantíssimo ser fiel às palavras do autor. De acordo com Severino (1978, p. 93), "as citações bem escolhidas, apenas enriquecem o trabalho", mostrando que o interesse que um assunto desperta em um indivíduo não está ligado simplesmente a um gosto pessoal. A escolha das citações precisa ser pautada em sua relevância para o tema e no direcionamento para os objetivos do projeto.

A última etapa do processo requer a análise crítica dos dados coletados. Isso pressupõe expor diferentes visões sobre o mesmo tema e explicar as implicações de cada uma. Em sua conclusão, o aluno-pesquisador precisa posicionar-se quanto a essas visões, expondo seus motivos. A forma de comunicar o processo e seus resultados pode ser única ou contar com uma combinação de produtos finais, como pôsteres, comunicações orais ou mesmo a escrita de uma minimonografia ou artigo de divulgação científica, dependendo do nível de proficiência do grupo.

Em sala de aula, é desejável que o professor respalde o trabalho de pesquisa dos alunos, fazendo-os experimentar ações de linguagem das quais vão necessitar durante todo o processo investigativo. O quadro a seguir traz uma sugestão de organização de possíveis gêneros a serem explorados nessa atividade no Ensino Médio. Tratados como parte dos conteúdos curriculares, o trabalho com esses gêneros e seus conteúdos subsidia a condução do projeto em andamento.

Ano	Objetivos	Sugestões de gêneros e conteúdos
1º ano	Definir o tema e os objetivos; elaborar a justificativa do projeto; delimitar perguntas de pesquisa; traçar um plano de ação.	• Justificativa • Formação de perguntas • Cronograma • Bibliografia/referências
2º ano	Definir aporte teórico; coletar dados de pesquisa; organizar dados.	• Resumo • Fichamento • Entrevistas, enquetes, depoimentos
3º ano	Analisar os dados; produzir a conclusão; comunicar os resultados.	• Gráficos, tabelas e mapas conceituais • Pôster • Apresentação oral • Minimonografia, artigo ou ensaio

5.3.1 Preparando o *abstract*

O *abstract* é uma parte importantíssima do projeto de pesquisa, pois, além de sintetizar os aspectos mais importantes do trabalho, atualmente é utilizado como ferramenta de busca em bancos de dados online. Ele deve recuperar de forma concisa os aspectos do processo mencionados anteriormente no texto: justificativa (por que decidi investigar esse tema? Qual sua relevância?), objetivo (o que quero descobrir/investigar?), questões de pesquisa (quais questões direcionam meu trabalho?), metodologia (como vou responder a minhas perguntas? Que produções emba-

Abstract: Na era da internet, os *abstracts* tornaram-se mais importantes do que nunca, já que são postados em bancos de dados digitais e, por meio de ferramentas de busca, são acessados, avaliados, selecionados e/ou descartados por seus leitores. São, portanto, um veículo prioritário na divulgação de pesquisas e projetos.

sarão minha investigação?) e resultados (o que pude concluir a partir de minha investigação?)

É por meio da leitura do *abstract*, ou resumo, que o leitor, via de regra, decide se vai ou não realizar a leitura do trabalho completo ou que partes dessa leitura vai realizar para obter maiores informações. Daí a importância em fazer um bom *abstract*, garantindo sua clareza e a inclusão das ideias principais de sua pesquisa.

Utilizado também para a apresentação de pôsteres, comunicações e simpósios, os resumos e, principalmente, seu tamanho, seguem normas estabelecidas pelo veículo em que circulam. Geralmente, congressos, revistas e universidades estabelecem o número de palavras a serem utilizadas, que pode variar de 150 a 500 caracteres. Em nenhum caso, deve ultrapassar uma lauda.

A maioria dos resumos apresenta, inicialmente, a situação-problema ou o contexto que permite ao leitor engajar-se na relevância do tema do trabalho. Trata-se de uma estratégia de divulgação importante que, em geral, é estabelecida em apenas uma frase. Nela, é possível inserir dados quantitativos divulgados em alguma mídia (*According to..., there are... around the world*; *30% of...*) ou mencionar uma realidade observada (*Nowadays, people...*; *In our globalized world...*). Em resumos muito curtos, é uma etapa que pode ser eliminada.

Sugere-se que o objetivo do trabalho apareça logo no início, informando prontamente o leitor sobre seu propósito. Para introduzir esse aspecto do trabalho, o professor pode ensinar aos alunos os tópicos frasais que comumente executam essa função (*The purpose of this research is to...*; *This research looks at...*; *This project aims at/to...*; *The objective of this project is to...*).

A inclusão das perguntas de pesquisa de forma indireta também é comum. Para isso, é preciso compreender como ocorre esse mecanismo, que inclui a reorganização frasal ou o apagamento de verbos auxiliares. Desse modo, a pergunta *Is it possible to overcome bullying?* pode aparecer no resumo como *This research intents to find out if it is possible to overcome bullying*.

Para discorrer sobre a metodologia, é necessário dizer como o trabalho foi conduzido, que materiais e autores foram utilizados para fundamentá-lo, qual o recorte da pesquisa, como os dados foram coletados e analisados. Essas informações podem ser incluídas por meio de algumas expressões, tais como: *The ideas of (author) support this work*; *(number) of interviews were performed with...*; *The data was analysed based on...*

Por fim, é essencial que se aponte os resultados ou as conclusões a que se chegaram com a condução do projeto. Muitas razões podem levar um autor a omitir essa etapa em seu resumo: incitar a curiosidade do leitor, mascarar a obtenção de resultados pouco relevantes ou de resultados diferentes das hipóteses iniciais, o que é muitas vezes entendido por estudantes como erro. Nenhuma dessas razões pode ser usada para retirar do *abstract* essa etapa. Um *abstract* tem de mostrar resumidamente a totalidade do trabalho, portanto, não pode ser vago na tentativa de provocar nem de ocultar. A fim de apresentar conclusões ou resultados, pode-se utilizar os seguintes tópicos frasais: *The analysis shows that...; This research highlights the importance of...; The results point at the need to...*

Muitos autores fazem seus *abstracts* a partir da composição de trechos essenciais de seu texto. Para isso, remetem-se às diferentes partes do trabalho e selecionam as frases que melhor as resumem, recortando-as e colando-as para formar o *abstract*. Nesse caso, é necessário avaliar se o texto final está coerente e ajustá-lo, inserindo ou apagando elementos que garantam a coesão textual e a fluência na leitura.

PARA FINALIZAR

O trabalho com projetos proporciona uma real oportunidade de expandir conhecimentos e vivenciar um processo de pesquisa. Em contato com fontes diversas, o aluno confronta suas ideias e amplia seus modos de pensar. Ao organizar o projeto a partir de seus anseios, experimenta o fazer do pesquisador, desenhando e executando as ações metodológicas que idealizou. Seu repertório na língua inglesa estende-se a outras possibilidades de ação de linguagem, na medida em que entra em contato com textos orais e escritos, produz sínteses e análises, compara resultados e os comunica.

Nesse processo, o aluno torna-se agente de seu desenvolvimento. No entanto, cabe ao professor problematizar, apresentar desafios, indicar possíveis recursos e orientar em todas as etapas. A aprendizagem ocorre por meio de interações. Logo, é papel do professor criar momentos de trocas entre os pares, abrindo outras possibilidades de questionamentos e propondo novas formas de pensar e de agir em inglês.

O trabalho com projetos em língua inglesa desafia a organização tradicional da sala de aula e propõe um novo modo de participação significativa, em que aluno e professor envolvem-se em ações para atingir um objetivo comum.

REFERÊNCIAS BIBLIOGRÁFICAS

BAKHTIN, M. **A estética da criação verbal**. São Paulo: Martins Fontes, 1992.

COLL, C. **Psicologia e currículo**. São Paulo: Ática, 1996.

HERNANDEZ, F.; VENTURA, M. **A organização do currículo por projetos de trabalho**. Porto Alegre: Artes Médicas, 1998.

LIBERALI, F. C. **Inglês**. São Paulo: Blucher, 2012. (Série A reflexão e a prática no ensino, v. 2).

MENEZES DE SOUZA, L. M. O professor de inglês e os letramentos no século XXI: métodos ou ética? In: JORDÃO, C. M.; MARTINEZ, J. Z.; HALU, R. C. (Org.). **Formatação "desformatada"**: práticas com professores de língua inglesa. Campinas: Pontes, 2011. p. 285-298.

SEVERINO, A. J. **Metodologia do trabalho científico**. São Paulo: Cortez e Moraes, 1978.

VYGOTSKY, L. S. **A formação social da mente:** o desenvolvimento dos processos psicológicos superiores. São Paulo: Martins Fontes, 2000.

Sugestões de leitura

BAGNO, M. **Pesquisa na escola**. São Paulo: Loyola, 1998.

HERNADEZ, F. **Transgressão e mudança na educação:** projetos de trabalho. Porto Alegre: ArtMed, 1998.

LIBERALI, F. C. **Ensino de línguas:** diferentes perspectivas. São Paulo: Cellep, 2006.

LUCKESI, C. C. et al. **Fazer universidade:** uma proposta metodológica. São Paulo: Cortez, 2000.

MOROZ, M.; GIANFALDINI, M. H. T. A. **O processo de pesquisa:** iniciação. Brasília, DF: Liber Livro, 2006.

SILVA, E. L. da; MENEZES E. M. **Metodologia de pesquisa e elaboração de dissertação**. Florianópolis: UFSC, 2005. Disponível em: <http://200.17.83.38/portal/upload/com_arquivo/metodologia_da_pesquisa_e_elaboracao_de_dissertacao.pdf>. Acesso em: 10 ago. 2014.

O uso de mídias digitais no Ensino Médio

Fernando Rezende da Cunha Júnior

Monica Ferreira Lemos

6.1 INTRODUÇÃO

A educação é essencialmente ligada à comunicação (multimodal) entre as pessoas. No decorrer da história, os meios de comunicação evoluíram do oral para o escrito; mais recentemente, a comunicação se dá com o auxílio de ferramentas digitais. As escolas tendem a seguir esses avanços culturais, mas também enfrentam dificuldades ao integrar tais ferramentas de forma prática no dia a dia escolar.

Com a popularidade das redes sociais virtuais, como Facebook, LinkedIn e Twitter, as pessoas estão conectadas mais facilmente umas às outras. Além disso, o acesso a *smartphones* e câmeras fotográficas e de gravação de vídeo possibilitam e facilitam a produção de filmes e fotos, bem como o compartilhamento imediato dessas mídias nas referidas redes sociais.

Nas duas últimas décadas, temos vivido essa expansão da internet, fixa e móvel, com o uso crescente de aparelhos como *smartphones* ou *tablets*, o que possibilita que as pessoas estejam conectadas 24 horas por dia, sete dias por semana. De acordo com relatórios do Centro de Estudos sobre as Tecnologias da Informação e da Comunicação (CETIC, 2013), 43% dos domicílios no Brasil têm acesso à internet banda larga, 100% dos municípios são cobertos com a tecnologia 2G e 22% têm tecnologia 3G.

Nossos alunos do Ensino Médio nasceram durante essa expansão tecnológica e são os chamados nativos do mundo digital, capazes de realizar várias tarefas ao mesmo tempo, como usar o Facebook, assistir a um vídeo e navegar a internet enquanto fazem seu dever de casa (ROSEN, 2007). Entretanto, não é isso que vemos quando tentamos aplicar o uso desses recursos tecnológicos em sala de aula. Os alunos geralmente são limitados a habilidades básicas como, por exemplo, aplicativos do Office, envio e recebimento de e-mails, uso de redes sociais na internet, sem que sejam feitas conexões pedagógicas (KIRSCHNER; KARPINSKI, 2010).

Além disso, apesar dos avanços no campo tecnológico, deparamos com a falta de recursos materiais na maioria das escolas, especialmente nas da rede pública de ensino, que não dispõem de projetores multimídia, computadores e/ou acesso à internet. Se considerarmos a condição tecnológica da maioria de nossas escolas, principalmente as da rede pública, qualquer projeto de uso de tecnologias da informação e comunicação (TICs) cai por terra antes mesmo de sua idealização. Muitas vezes os equipamentos disponíveis ficam trancados em uma sala, sem uma pessoa da área de tecnologia da informação (TI) responsável pelo equipamento; os professores também esbarram na burocracia escolar para reservar uma data para usar tais equipamentos. Dessa forma, é importante pensarmos em alternativas para superar essas limitações de material. Entre essas alternativas, está o uso dos aparelhos que os alunos já têm, como *smartphones* ou *tablets*, e a conexão de internet que possuem.

Neste capítulo, apresentamos duas situações de uso de mídias digitais, aproveitando os recursos disponíveis aos alunos como exemplos de possíveis propostas de uso tecnológico em aulas de inglês no Ensino Médio. Ambos os projetos foram realizados em escolas públicas do interior do estado de Minas Gerais e da rede municipal de ensino da cidade de São Paulo. Eles podem ser aplicados a praticamente qualquer conteúdo do Ensino Médio. O primeiro projeto trata do uso de gravações de vídeo como forma de trabalho escolar; o segundo aborda a formação de grupos de alunos e professores em redes sociais para possibilitar a discussão e a complementação dos temas trabalhados em sala.

Tecnologias da informação e comunicação (TICs): Correspondem a todas as tecnologias que medeiam processos informacionais e comunicativos, em uma combinação de *hardware*, *software* e telecomunicações.

6.2 TECNOLOGIAS DIGITAIS E A TEORIA DA ATIVIDADE

O interesse nas mídias digitais tem aumentado a cada ano, especialmente em países emergentes como o Brasil. Esse interesse tem focado principalmente o uso de mídias digitais e de redes sociais virtuais. Muitas pesquisas têm sido feitas nesse âmbito, abrangendo a melhora dos aspectos comunicativos dos envolvidos (VAN DIJK, 2006; GOODBAND et al., 2012) e dos aspectos psicológicos associados ao uso de mídias digitais com professores pré-serviço (HEWITT; FORTE, 2006). Mostram também que professores em formação devem trabalhar com tais mídias com seus futuros alunos (CHARLTON; MAGOULAS; LAURILLARD, 2012; CLARKE, 2013).

Entretanto, há uma lacuna no que diz respeito a apresentar alternativas de ação relacionadas às mídias digitais aos professores que já estão em sala de aula. Há estudos que mostram professores utilizando mídias digitais com seus alunos em ambientes universitários. Em um desses estudos, Savvidou (2013) comenta que, quando os professores sabem como os alunos utilizam essas mídias, têm a possibilidade de utilizar essas ferramentas como forma de comunicação com eles.

Para Vygotsky (2008), o discurso é um meio de interação, expressão e entendimento social. Além da função comunicativa, o autor acredita que a linguagem serve de forma de ligação entre as pessoas e que as formas de linguagem variam de acordo com as necessidades de uso. Tendo esse conceito em mente, é importante que os professores considerem as novas mídias como uma nova forma de linguagem e que são necessárias para o desenvolvimento de maiores laços entre alunos e professores.

Partindo de uma perspectiva da teoria da atividade sócio--histórico-cultural (TASHC), podemos entender alguns dos aspectos envolvidos nas atividades com mídias digitais. Também devemos considerar o papel da colaboração no desenvolvimento de todas as pessoas envolvidas na atividade. Em um processo colaborativo, as pessoas constroem conjuntamente as regras e a divisão do trabalho da atividade em questão. Dessa forma, presume-se que todos os participantes estejam em um processo constante de aprendizado e se desenvolverão com seus parceiros (LIBERALI, 2009).

A TASHC entende a colaboração como um processo de participação na construção do conhecimento, por meio de zonas de desenvolvimento proximal (ZDP) (VYGOTSKY, 2008). Essas zonas são um lugar de conflito. Nesse ponto, damos ênfase à colaboração, uma vez que envolve a presença de outros participantes na construção de novos significados. Colaborando, os participantes sentem-se mais fortes ou capazes do que sozinhos (VYGOTSKY, 1999). De acordo com Magalhães (2011), um processo colaborativo é essencial para levantar, compartilhar e questionar os sentidos dos participantes sobre dado assunto.

Mídias digitais: Qualquer mídia que utiliza como meio um computador ou equipamento digital para criar, explorar ou editar um projeto. Ao contrário das mídias analógicas, as mídias digitais oferecem maior agilidade para manipulação e criação dos conteúdos.

Colaboração: Diferentemente da cooperação, que visa um produto final e tem processo que pode ser segmentado, a colaboração visa a construção conjunta do produto, dando maior ênfase ao processo de trabalho do que ao produto em si.

Zonas de desenvolvimento proximal (ZDP): Por meio das zonas de desenvolvimento proximal, os participantes conseguem realizar tarefas que não conseguiriam realizar sem a colaboração de um par mais experiente.

Nesse processo colaborativo, por meio das ZDPs, com uso de diversas mídias digitais, tanto os professores como os alunos que não estejam familiarizados com o uso de tais mídias aprendem por um processo de imitação (VAN OERS, 2012). Para Van Oers, a imitação não é apenas copiar algo mecanicamente, mas sim reconstruir uma atividade com a colaboração de outros. Assim, professores e alunos são capazes de criar regras mais técnicas e conceituais sobre o emprego de novas ferramentas, em nosso caso, as mídias digitais.

6.3 SUGESTÕES PRÁTICAS

Nesta seção, abordamos duas propostas mencionadas anteriormente de uso de recursos digitais: uma usa vídeos para apresentações de trabalhos de alunos e a outra usa grupos em redes sociais. Ambas as propostas partem da utilização do que os alunos já conhecem ou têm acesso, não dependendo de laboratórios de informática nem de equipamentos mais sofisticados para a utilização.

6.3.1 Usando vídeos para trabalhos em grupo

Esta proposta é bastante viável para apresentações de trabalhos que envolvam leitura dos alunos, tanto em língua inglesa como em outras disciplinas, como língua portuguesa, espanhol, história ou geografia.

Vamos utilizar como exemplo um trabalho de leitura de um livro da série Penguin Readers. Nesse caso, o professor faz a sugestão do livro, por exemplo, *The invisible man*, do escritor H. G. Wells, dependendo do ano escolar ou nível de inglês dos alunos. Após a escolha do livro, o professor separa os alunos em grupos, de quatro a seis alunos, dependendo da quantidade de alunos na sala.

Em seguida, o livro deve ser dividido em partes, de acordo com o número de grupos formados. Por exemplo, havendo seis grupos, o livro é dividido em seis partes, ficando cada grupo responsável pela leitura de uma delas. Não há rigidez nessa divisão. O professor pode optar por dividir o livro de acordo com o número de capítulos ou com o número de páginas. O importante é que a divisão fique clara aos alunos.

O próximo passo é estabelecer o tempo de duração dos vídeos. No caso de *The invisible man*, o tempo adequado seria de 4 a 5 minutos por vídeo. Caso o livro ou tema seja mais abrangente, o tempo pode ser adaptado. Esse tempo serve de parâmetro aos

Vídeos: Esse trabalho foi desenvolvido pelo professor Fernando Cunha, em uma escola da rede estadual de ensino de Cachoeira de Minas, estado de Minas Gerais, em 2011.

Penguin Readers: Série de livros da editora Pearson. São adaptações de clássicos da literatura de acordo com sete níveis diferentes de vocabulário da língua inglesa, variando do *Easystarts* (até duzentas palavras) ao *Level 6* (mais de três mil palavras).

alunos, de forma que um grupo não apresente um vídeo de 2 minutos e outro exponha um de 10 minutos.

Feita a divisão dos grupos e estabelecido o tempo dos vídeos, cada grupo de alunos faz a leitura de seus respectivos capítulos. Assim, os alunos não precisam ler todo o livro, podendo dedicar-se mais à parte pela qual ficaram responsáveis. Nesse processo de leitura, os alunos fazem, primeiramente, um resumo do texto, para que possam selecionar o conteúdo que vai ser gravado em vídeo. O grupo pode produzir o filme da maneira que achar mais conveniente, por exemplo, utilizando bonecos, peças do jogo Lego, fotos ou até mesmo os próprios alunos encenando os papéis das personagens do livro. Tudo pode ser gravado com uma câmera de celular ou com qualquer outro dispositivo que capture vídeos.

Durante o prazo para leitura, que pode ser de duas a três semanas, o professor trabalha com os alunos, em momentos específicos, a escrita do roteiro a ser gravado, a pronúncia dos textos. Também auxilia no processo de manipulação e edição dos vídeos.

No dia marcado para a apresentação do trabalho, a reunião de todos os vídeos correspondentes a cada parte resulta em um filme completo sobre a história do livro. Isso faz com que os próprios alunos incentivem uns aos outros a finalizar o processo, pois, sem o vídeo de um grupo, a história fica incompleta, prejudicando a todos. Desse modo, o professor pode avaliar individualmente cada grupo, bem como o trabalho final apresentado por todos. Caso seja possível, o professor providencia um aparelho de *datashow* para que todos os grupos apresentem os trabalhos. Do contrário, os vídeos podem ser visualizados individualmente no YouTube ou no Facebook, por exemplo. Esse tipo de trabalho proporciona à classe um ambiente extremamente colaborativo, pois o resultado final depende completamente do trabalho de todos os grupos.

A seguir, abordamos alguns aspectos técnicos da produção do vídeo.

6.3.1.1 Editando os vídeos

Após serem feitas as filmagens, os alunos podem fazer pequenos ajustes nas gravações com editores de vídeo. Para isso, há várias alternativas: programas de computador como o Windows Movie Maker, presente em máquinas com sistema operacional Windows, e editores online, como Wevideo, YouTube ou Shotclip.

Editores de vídeo: A maioria dos editores de vídeo, tanto os que podem ser instalados no computador como os online, apresentam uma tela intuitiva, explicando passo a passo como editar os vídeos.

No caso dos editores online, a edição pode ser feita a partir de dispositivos móveis, como celulares ou *tablets*. Nessa pequena edição, os alunos podem incluir o nome dos participantes do grupo e a parte do livro pela qual ficaram responsáveis.

Neste exemplo, utilizamos o Windows Movie Maker, porque é um aplicativo presente na maioria dos computadores, não necessitando, assim, de nenhuma instalação adicional de programas.

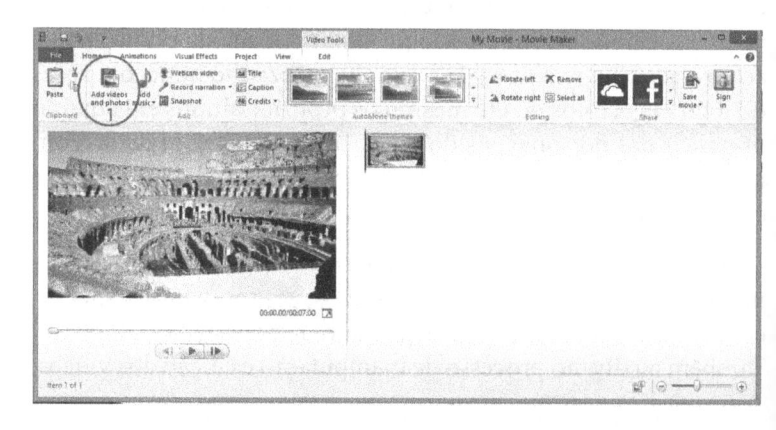

Figura 6.1 – *Adicionando um vídeo à linha do tempo.*

Antes de utilizar o Windows Movie Maker, os alunos devem transferir os vídeos para o computador. Assim, o primeiro passo é adicionar os vídeos à **linha do tempo do editor** (número 1 da Figura 6.1). Em seguida, os alunos podem colocar um **título** (número 2 da Figura 6.2), como o nome dos capítulos ou as páginas do livro. Depois, incluem os **créditos**, ou seja, o nome dos alunos dos grupos (número 3 da Figura 6.2).

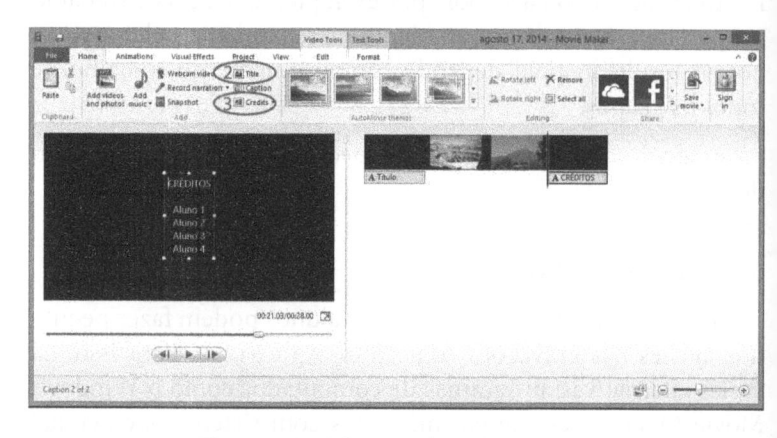

Figura 6.2 – *Adicionando título e créditos.*

Após incluir o texto, os alunos podem formatá-lo, alterando fonte e tamanho, como se faz em qualquer documento do Microsoft Office (número 4 da Figura 6.3).

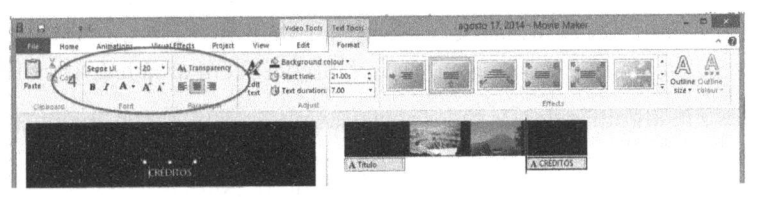

Figura 6.3 – *Formatando o texto.*

Também é possível fazer outras alterações, como a inclusão de trilha sonora ou narração, dependendo da familiaridade com o programa de edição. Após as alterações, salva-se o vídeo (número 5 da Figura 6.4).

O vídeo pode também ser compartilhado em várias redes sociais, como Facebook e YouTube (número 6 da Figura 6.4), de forma que fique disponível para todos os alunos visualizarem. Ao compartilhar os vídeos em uma rede social, não só o professor como também todos os alunos terão acesso aos vídeos.

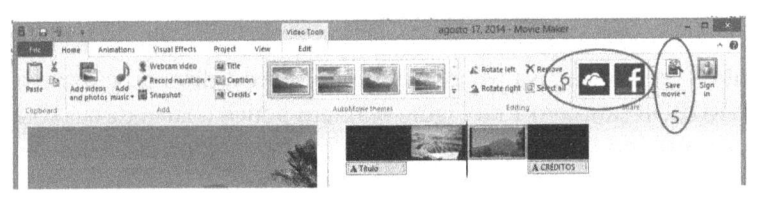

Figura 6.4 – *Salvando e compartilhando o vídeo.*

Para completar o processo, o professor pode sugerir aos alunos que juntem os vídeos de todos os grupos em um novo arquivo no Windows Movie Maker. Assim, haverá um único arquivo de vídeo com a sequência de todas as partes do livro.

Nesse processo, é importante que os vídeos sejam compartilhados em um ambiente fechado, como uma lista de e-mails ou um grupo secreto em uma rede social, de forma que a privacidade dos alunos seja garantida. Caso contrário, é necessária a autorização dos pais dos alunos para qualquer outra forma de utilização dos vídeos.

6.3.2 Usando grupos nas redes sociais

Atualmente, quase todos os alunos e professores do Ensino Médio possuem um perfil em alguma rede social. Dessa maneira,

Idade mínima: Algumas redes sociais impõem restrições de idade aos participantes. No caso do Facebook e do LinkedIn, a idade mínima para juntar-se à rede é de 13 anos. Já o Twitter não exige que o participante informe a idade, mas também solicita que sejam maiores de 13 anos.

Comunicação síncrona e assíncrona: A comunicação síncrona é a forma de comunicação realizada em tempo real, havendo a necessidade de um interlocutor; são exemplos: conversas em salas de bate-papo, mensagens instantâneas ou videoconferências. A comunicação assíncrona é a forma de comunicação em que a resposta é dada sem a necessidade da presença do interlocutor; são exemplos: fóruns online, mensagens do Twitter ou do Facebook.

formar grupos de alunos e professores nessas redes sociais pode ser útil para complementar o que é trabalhado em sala. Entretanto, os grupos devem ser utilizados apenas com a autorização das escolas e, em caso de alunos menores de 18 anos, a autorização dos pais também é necessária. Além disso, é importante verificar a idade mínima para se ter um perfil em uma rede social.

Em algumas dessas redes sociais, é possível publicar qualquer arquivo digital, ou seja, pode-se usar textos, vídeos, imagens, músicas, arquivos do Office, links para outros sites e comunicação síncrona e assíncrona entre os participantes.

Alguns professores se preocupam com o fato de terem alunos como "amigos" nas redes sociais, pois tiraria a privacidade do professor e dos alunos. Entretanto, há redes sociais, como o Facebook e Twitter, que oferecem a possibilidade de os professores não terem alunos em suas listas de amigos. Os alunos podem ser adicionados diretamente aos grupos, sem manter vínculos com o perfil pessoal do professor. A adição pode ser feita pelo professor e pelos próprios alunos.

6.3.2.1 Criando um grupo de alunos em uma rede social

Para criar um grupo de alunos, o professor deve utilizar seu perfil da rede social. Na página principal da rede, deve procurar por **GRUPOS** (número 1 da Figura 6.5), um pouco abaixo de sua foto de perfil, no lado esquerdo da tela. Em seguida, precisa clicar na palavra **GRUPOS** e em **+ Criar grupo** (número 2 da Figura 6.6).

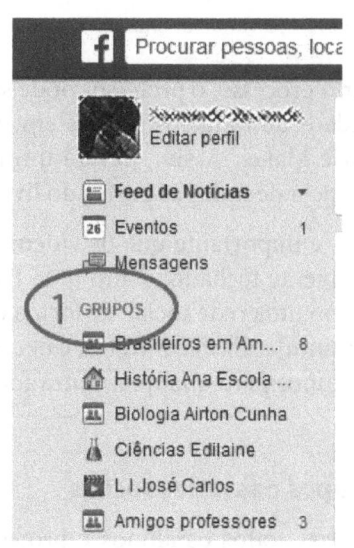

Figura 6.5 – *Grupos na rede social.*

Figura 6.6 – *Iniciando um novo grupo.*

Para finalizar, o professor escolhe o **nome de seu grupo** (número 3 da Figura 6.7), adiciona os **membros** (número 4 da Figura 6.7) e o **nível de privacidade** (número 5 da Figura 6.7), de acordo com suas preferências. Finalmente, deve clicar em **Criar** (número 6 da Figura 6.7) para finalizar o processo. Depois de criado, o grupo já está pronto para o professor iniciar os trabalhos com os alunos.

Figura 6.7 – *Criando um grupo para alunos.*

O grupo criado pelo professor aparecerá ao lado dos demais grupos dos quais ele já participa, sempre do lado esquerdo da janela. Esse grupo é acessado como qualquer outro grupo dessa rede social, bastando um clique sobre o nome para abrir a respectiva janela. O professor pode utilizar apenas um grupo para todos os seus alunos ou criar um grupo para cada turma. Basta repetir o processo de criação de grupos explicado anteriormente.

6.3.2.2 Adicionando alunos

Adicionar participantes ao grupo é uma tarefa simples. Ao abrir a página do grupo e clicar em **+ Adicionar pessoas ao grupo** (número 7 da Figura 6.8), aparece um campo ao lado direito da tela, na seção **SOBRE** (número 8 da Figura 6.8). Caso os alunos não sejam "amigos" do professor, não é possível que ele adicione os alunos. Nesse caso, deve pedir aos alunos que busquem pelo grupo no campo **Procurar pessoas, locais e coisas** do site, localizado no topo da janela. Essa busca é feita pelo nome do grupo – por exemplo, *Língua Inglesa – Professor João Humberto*. Outra possibilidade é pedir aos alunos que já participam do grupo que adicionem os colegas.

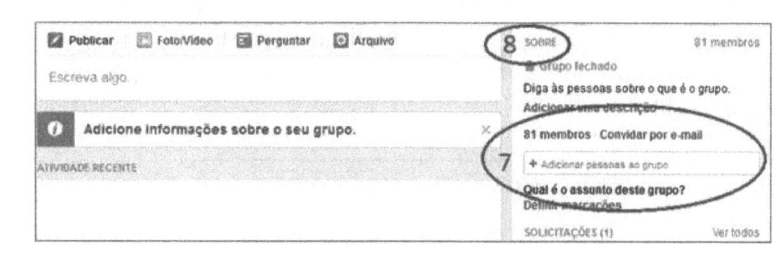

Figura 6.8 – *Adicionando pessoas ao grupo.*

Ao encontrar o grupo, os alunos devem clicar em **Participar do grupo**. Após fazerem a solicitação, uma notificação vai aparecer para o professor, que deve apenas clicar em **aceitar** para que os alunos passem a fazer parte dos grupos. Uma vez no grupo, um aluno pode adicionar os colegas de classe.

6.3.2.3 Utilizando os grupos com os alunos

Há várias possibilidades de utilização de grupos. Entretanto, uma questão a ser considerada é a facilidade e a possibilidade de acesso que os alunos têm a grupos nas redes sociais. Quando se trata de uma turma na qual todos os alunos tenham acesso, o uso dos grupos abre inúmeras formas de trabalho. No caso de uma sala de aula em que alguns alunos não tenham acesso à internet, é preciso considerar algumas questões, como, por exemplo, que um grupo em uma rede social não deve ser utilizado como forma de introduzir novos conteúdos, pois isso prejudicaria esses alunos. Nesse caso, o mais indicado seria utilizar o grupo como uma forma de espaço para perguntas dos alunos ou para complementar o que é feito em sala de aula.

A seguir, apresentamos algumas tarefas. Devemos considerar que podem ser adaptadas a praticamente todas as disciplinas do Ensino Médio.

Exemplo 1 – Compartilhando links

O professor de inglês tem um grupo no qual todos os alunos visualizam diariamente seus perfis na rede social. Em sala de aula, comenta que na semana seguinte iniciará o tema *movies* com seus alunos. Para isso, solicita que vejam alguns textos e posta os links no grupo. Nesse caso, o professor escolhe dois filmes e disponibiliza os links (por exemplo, http://www.imdb.com/title/tt1646971/plotsummary?ref_=tt_ql_6 e http://www.imdb.com/title/tt1877832/plotsummary?ref_=tt_ql_6).

Com os links, o professor pode comentar os *posts* ou fazer sugestões: "Pessoal, vejam esses links para a próxima aula. Vocês poderiam trazer outros exemplos ou pensar em outros lugares que a gente encontra esse tipo de texto?" ou "Olá, turma. Quem costuma ver esse tipo de texto antes de ver um filme? Vocês já viram algo parecido? Onde?". As questões podem ser respondidas aleatoriamente pelos alunos, por meio de comentários na postagem do professor. Algumas das respostas podem não ser encontradas pelos alunos no vídeo, visto que se trata de uma introdução para a aula seguinte.

No dia da aula, o professor inicia a discussão do tema, no caso *movies*, perguntando aos alunos o que acharam dos links postados no grupo e como responderam às questões propostas. O restante da aula segue de acordo com o planejamento do professor. No fim da aula, o professor pode pedir aos alunos que procurem vídeos ou curiosidades sobre o que fora discutido em sala, para que possam complementar o tema estudado. Esses vídeos ou curiosidades devem ser postados no grupo do professor de inglês, para que todos os outros alunos possam ver e novamente discutir na próxima aula.

Algumas redes sociais têm uma funcionalidade importante: o professor pode conferir quem vizualizou a postagem e solicitar que os alunos "curtam" o que foi publicado, de forma a ter um controle de quem está efetivamente participando do grupo.

Exemplo 2 – Organizando a rotina da sala

Ter um grupo em uma rede social pode ser uma opção para lembrar os alunos de datas importantes, como datas de avaliação, entrega de trabalho ou evento da escola. Para isso, na guia **Eventos**, o professor pode adicionar um evento em **+ Criar evento**.

O professor insere os dados do evento na janela que surge, conforme a figura a seguir, e clica em **Criar** (Figura 6.9). Ime-

Compartilhando links: Tarefa proposta pelo professor Fernando Cunha, em uma escola da rede estadual de ensino de Cachoeira de Minas, Minas Gerais, em 2013.

diatamente, um lembrete é enviado a todos os participantes do grupo e adicionado à agenda de todos (Figura 6.10).

Figura 6.9 – *Criando o evento na rede social.*

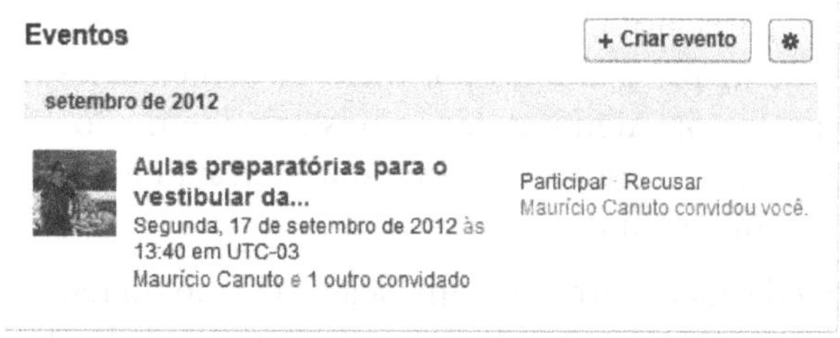

Figura 6.10 – *Como os alunos visualizam o evento.*

Evento: Este evento foi adicionado pelo professor Maurício Canuto, em uma escola da rede municipal de ensino de São Paulo, em 2012.

Além de poder acompanhar quais alunos visualizaram o evento criado, o professor pode ainda solicitar que "confirmem a participação" no evento.

Exemplo 3 – Apresentando trabalhos

Por se tratar de uma plataforma multimodal, a rede social é um lugar bastante propício para a exposição de trabalhos dos grupos, de modo que todos da sala possam visualizá-los.

Plataforma multimodal: Espaço que propicia o uso ou o compartilhamento de diversas formas de arquivos, como textos, vídeos e imagens.

Nesse caso, o professor solicita determinado trabalho de pesquisa, que pode ser escrita ou de qualquer outro gênero, à turma e, em vez de receber um trabalho impresso, pede aos alunos que publiquem os trabalhos realizados no grupo da turma na rede social. Assim, o professor pode, ainda, solicitar que os alunos leiam e avaliem o trabalho dos demais.

A figura a seguir mostra um trabalho realizado em Power-Point. Esse trabalho era parte de um projeto de leitura dos alunos do 3º ano do Ensino Médio (Figura 6.11) e foi postado no grupo da sala em uma rede social.

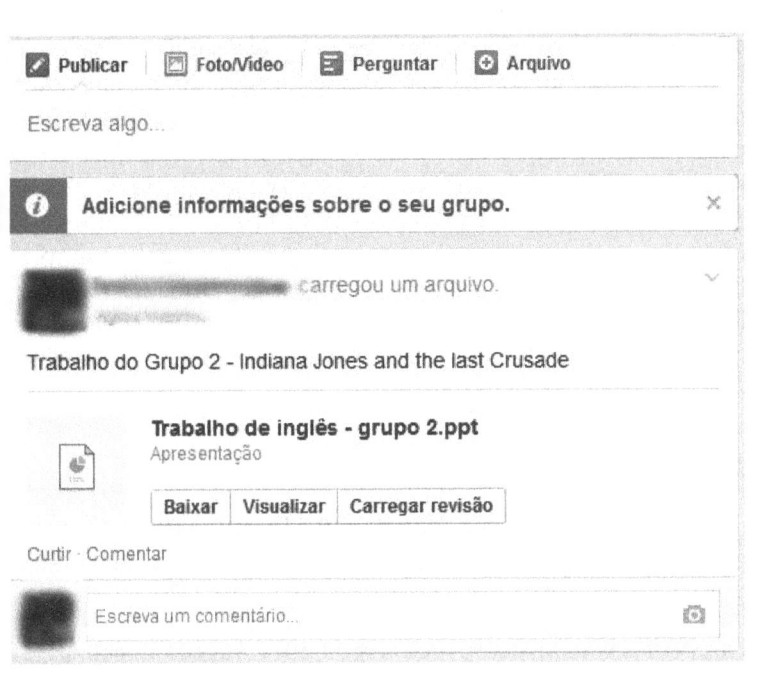

Figura 6.11 – *Trabalho enviado por aluno.*

PARA FINALIZAR

O uso de mídias digitais na escola não deve ser limitado pelas restrições físicas e de equipamentos da escola. Em muitos contextos, é possível desenvolver projetos utilizando instrumentos que o professor e os alunos possuem. Apesar de não ser generalizado, o acesso facilitado à internet possibilita mais contato a diversas formas de conteúdo para um grande número de alunos. O processo de ensino-aprendizagem não é mais conduzido apenas pelo professor, tradicionalmente representado por giz, lousa e livro. Cabe a ele adaptar-se às novas tendências.

Com as propostas apresentadas neste capítulo, procuramos apresentar maneiras de integrar atividades que já são parte de nosso cotidiano, como acessar uma rede social na internet, à nossa rotina de escola, usando recursos que nos são disponíveis. Essa forma de trabalhar as mídias digitais com os alunos propicia maior ligação entre professores e alunos, oferecendo mais um canal de comunicação entre os envolvidos, bem como maior aceitação por parte dos alunos dos temas estudados em sala, visto que são trabalhados de forma colaborativa em sala de aula.

Além disso, as atividades envolvendo o uso de mídias digitais podem ter uma frequência de uso variada, de acordo com as necessidades apresentadas por cada tema estudado em sala em relação ao conhecimento a ser produzido. É importante que, ao utilizarmos dada ferramenta digital, ela seja usada para complementar o que é trabalhado em sala e não apenas como mais uma ferramenta para cumprir uma exigência do currículo. É primordial termos cuidado ao transferir os conteúdos que estão em um livro didático para um ambiente virtual. O simples fato de utilizar mídias digitais não implica em uma transformação no processo de ensino-aprendizagem. Essas transformações devem ser realizadas de acordo com as demandas e as necessidades de cada contexto específico.

REFERÊNCIAS BIBLIOGRÁFICAS

CETIC. **TIC domicílios:** 2013. São Paulo, 2013. Disponível em: <http://cetic.br/tics/usuarios/2013/total-brasil/>. Acesso em: 20 abr. 2016.

CHARLTON, P.; MAGOULAS, G.; LAURILLARD, D. Enabling creative learning design through semantic technologies. **Technology, Pedagogy and Education**, London, n. 2, p. 231-253, 2012.

CLARKE, L. Virtual learning environments in teacher education: a journal, a journey. **Technology, Pedagogy and Education**, London, n. 1, p. 121-131, 2013.

GOODBAND, J. H. et al. Limits and potentials of social networking in academia: case study of the evolution of a mathematics Facebook community. **Learning, Media and Technology**, Abingdon, v. 37, n. 3, p. 236-252, 2012.

HEWITT, A.; FORTE, A. Crossing boundaries: identity management and student/faculty relationships on the Facebook. **CSCW**, Banff, p. 1-2, nov. 2006. Pôster.

KIRSCHNER, P. A.; KARPINSKI, A. C. Facebook® and academic performance. **Computers in Human Behavior**, New York, v. 26, n. 6, p. 1237-1245, 2010.

LIBERALI, F. C. A cadeia criativa no processo de tornar-se totalidade. **Bakhtiniana: Revista de Estudos do Discurso**, São Paulo, v. 1, n. 2, p. 100-124, 2009.

MAGALHÃES, M. C. C. Theoretical-methodological choices in AL research: critical research of collaboration in teacher education. **Inter FAINC**, Santo André, v. 1, n. 1, p. 34-45, 2011.

ROSEN, L. D. **Me, MySpace, and I:** parenting the net generation. New York: Palgrave Macmillan, 2007.

SAVVIDOU, C. 'Thanks for sharing your story': the role of the teacher in facilitating social presence in online discussion. **Technology, Pedagogy and Education**, London, v. 22, n. 2, p. 193-211, 2013.

VAN DIJK, J. **The network society**. London: SAGE, 2006.

VAN OERS, B. Meaningful cultural learning by immitative participation: the case of abstract thinking in primary school. **Human Development**, Basel, n. 55, n. 3, p. 136-158, ago. 2012.

VYGOTSKY, L. S. **Problems of general psychology**. New York: Plenum, 1999.

_____. **Pensamento e linguagem**. São Paulo: Martins Fontes, 2008.

Sugestões de leitura

LIBERALI, F. C. **Atividade social nas aulas de língua estrangeira**. São Paulo: Moderna, 2009.

_____. (Org.). **Inglês**. São Paulo: Blucher, 2012. (Série A reflexão e a prática no ensino, v. 2).

7

Letramento digital em inglês e alunos com necessidades especiais

José Carlos Barbosa Lopes

Valdite Pereira Fuga

As tecnologias de informação e comunicação (TICs) ampliaram definitivamente as possibilidades de ensino-aprendizagem de línguas. Jogos, *podcasts*, mensagens instantâneas, vídeos e uma diversidade de aplicativos são alguns dos recursos tecnológicos advindos da era digital que estão cada vez mais presentes nas situações de ensino-aprendizagem. A novidade, entretanto, está em como utilizar tais recursos para o desenvolvimento da competência discursiva de alunos com necessidades educacionais especiais (NEEs), tendo em vista a promoção de novas potencialidades, que possam diminuir as limitações do agir em sociedade.

Por serem constituídos a partir de elementos verbo-visuais e sensório-motores híbridos, os recursos tecnológicos formam uma combinação multimodal de produção e recepção da linguagem. Em outra instância, novos gêneros discursivos são acionados para estabelecer as interações sociais em uma dimensão temporal e espacial, em que a tecnologia tem papel importante no que se refere ao engajamento e à participação em atividades da vida contemporânea.

Sobre esse aspecto, entendemos que as TICs podem contribuir de maneira pontual com o trabalho com as necessidades distintas de alunos e conferir maiores possibilidades de prática e aperfeiçoamento de habilidades para o uso de uma língua estrangeira (LE). A vivência em LE, por meio de uma variedade de recursos, incide no multiletramento do aluno com NEEs, o que significa dizer que um conjunto de ações específicas podem estruturar melhores condições de interação social.

Necessidades educacionais especiais (NEEs): O termo necessidades educacionais especiais (NEEs) refere-se, por exemplo, a alunos diagnosticados com surdez, cegueira, dislexia e transtorno de déficit de atenção e hiperatividade (TDAH) que exigem, individualmente, procedimentos específicos no processo de ensino-aprendizagem.

Verbo-visuais: O conceito verbo-visual diz respeito à combinação de recursos linguísticos e imagens para a produção de sentidos.

Sensório-motores híbridos: Aparelhos celulares, *tablets* e *joysticks* são alguns exemplos de como o manuseio de eletrônicos evolui constantemente, desde o toque ao reconhecimento de voz e digitais. Há ainda uma variedade de efeitos »»

>> que simulam sensações e movimentos em jogos, filmes e ambientes virtuais, como as tecnologias 3-D e 4-D e a imersão em *videogames*.

Considerando o Ensino Médio como a conclusão da educação básica e, principalmente, o período de escolhas importantes na vida dos alunos, como a continuidade dos estudos e/ou a profissionalização, entendemos que a aprendizagem de língua inglesa, com o uso das TICs, pode enfatizar habilidades linguísticas que permitem maior engajamento social dos alunos. Trata-se de explorar os mecanismos de compreensão e produção oral e escrita em inglês essenciais e mais adequados aos alunos com NEEs em suas atividades presentes e futuras.

Assim, buscamos discutir, neste capítulo, algumas ferramentas disponíveis na internet que podem ampliar a apropriação de língua inglesa por alunos surdos, cegos, disléxicos e com transtorno de déficit de atenção e hiperatividade (TDAH). Neste texto, relacionamos as ferramentas de conteúdo de inglês com as habilidades linguísticas e específicas de cada aluno, considerando o contexto do Ensino Médio.

7.1 POR QUE LETRAMENTO DIGITAL?

O termo letramento, na literatura educacional, possui diferentes abordagens teóricas e surgiu da necessidade de denominar a condição dos sujeitos que não mais pertenciam ao grupo de analfabetos. Amplamente falando, o termo designa aquele que sabe ler e escrever e que possui domínio do uso social da leitura e da escrita em seu dia a dia de forma competente.

Quando transferido para o campo das TICs, o termo "letramento" vai muito além de saber usar um computador e suas ferramentas. O advento e a contínua expansão do acesso às tecnologias digitais da comunicação têm redirecionado o conceito de letramento para uma visão plural, denominada multiletramento, entendida como a leitura e a criação de textos que utilizam diferentes códigos semióticos (THE NEW LONDON GROUP, 1996).

Nesse conceito, está implícito que texto é, sobretudo, qualquer coisa por meio do qual se pode construir sentidos (LEWIS; ENCISO; MOJE apud MOITA LOPES, 2010). De fato, na hipermídia eletrônica, o textual está, igualmente, relacionado à comunicação visual, auditiva, espacial e comportamental. Uma mensagem de texto, por exemplo, pode ser escrita com a combinação de vocabulário da língua, recursos tipográficos para ilustrar sentimentos e expressões faciais, acompanhada de gravação de voz ou vídeo para produzir determinado sentido.

A compreensão dessas novas práticas letradas em ambiente digital envolve, segundo Moita Lopes (2010), a participação colaborativa de atores situados na construção conjunta de significados de modo sócio-histórico-cultural (VYGOTSKY, 2005), mediada por instrumentos multissemióticos, por exemplo, textos, imagens, vídeos, sons etc. Na concepção do autor, o multiletramento, principalmente quando viabilizado pelo uso da internet, amplia as possibilidades de questionamento e reconstrução de novos significados para realidades já sedimentadas.

O multiletramento no contexto das NEEs, aliado à tecnologia, possibilita maior integração entre as semioses (som, imagem e linguagem verbal), o que amplia as possibilidades de se aprender um idioma. Nesse contexto, pensar em multiletramento requer novas condições de produção textual que, por sua vez, demandam novas formas de organização do discurso, novos gêneros e novos modelos de escrever.

As tecnologias digitais possibilitam, portanto, o acesso a diversas vozes, socializando e compartilhando conhecimento via interação interpessoal. É, pois, nessa perspectiva de ação conjunta, por meio da linguagem, que os sujeitos veiculam seus valores e posicionamentos no mundo, ouvindo e assimilando as palavras e os discursos do outro, constituindo-se na fronteira entre aquilo que é seu e aquilo que é do outro (BAKHTIN, 2000). Daí, compreende-se a natureza dialógica da linguagem, a qual destaca o caráter coletivo e social da produção de ideias e textos, bem como a alteridade, que estabelece as relações de interação entre o "eu" e o "outro".

7.2 ALUNOS COM NECESSIDADES ESPECIAIS NO ENSINO MÉDIO

O trabalho com alunos com NEEs vai muito além de propostas que apenas consideram espaço físico para a inclusão escolar do aluno. Estão ligadas intimamente a adequações curriculares, formação do professor, número de alunos e oferta de atendimento especializado. A ineficiência desses requisitos pode resultar em uma formação fragmentada e distante dos desafios que devem aproximar esses discentes do amadurecimento para a vida adulta ou da tomada de decisões.

É importante lembrar que é ilusório e, ao mesmo tempo, irresponsável pensar que somente recursos tecnológicos garantirão educação de qualidade para todos, sem que sejam consideradas as especificidades do material humano em contexto. O direcionamento do professor em atividades que explorem o desenvolvimento de múltiplas habilidades linguísticas pode promover interatividade e condições mais favoráveis da construção do saber.

Nessa perspectiva, o fato de que grande parte das TICs veicula conteúdo em inglês, temos a possibilidade de maior aperfeiçoamento das habilidades linguístico-discursivas em interações e contextos multimodais. Em relação às habilidades específicas de alunos com NEEs, as TICs podem contribuir com o material didático por meio de ampliação, contraste e edição de textos e de leitura via áudio, entre outras adaptações de dispositivos para interatividade com a máquina e, consequentemente, com a mediação em diferentes contextos e práticas sociais.

Analisando a multiplicidade de recursos disponíveis, podemos considerar que tais ferramentas podem contribuir com um trabalho mais direcionado às necessidades dos alunos. Cabe, então, ao professor explorar potencialidades que ampliem as ações do grupo. A ideia é que os alunos estejam envolvidos em contextos de expansão do conhecimento e de estabelecimento de vínculos com práticas sociais contemporâneas por meio de compreensão, apropriação e produção multimodal de atividades em inglês presentes na vida cotidiana.

Para isso, a análise e a avaliação constante das ferramentas utilizadas são requisitos essenciais, uma vez que o objetivo é potencializar a competência discursiva dos alunos para além das interações que já conseguem realizar. Em última instância, tal abordagem pode contribuir com os desafios a serem encarados por eles ao final do Ensino Médio. Observa-se, por exemplo, que as ofertas de trabalho por meio das cotas estão direcionadas para cargos que não exigem maiores qualificações. Por outro lado, percebe-se também que há poucos cursos estruturados para a formação intelectual e profissional de alunos com NEEs. Assim, entendemos quão importantes são as propostas que dialogam com os avanços da sociedade sem apagar características heterogêneas de ensino-aprendizagem.

7.3 PROPOSTAS

As ferramentas aqui apresentadas estão agrupadas com base em leitura, escrita, compreensão e produção oral para o agir no mundo por meio dos recursos tecnológicos. Não se trata de um processo de decodificação, mas sim de uma relação semiótica de produção de sentidos a partir do contexto sócio-histórico-cultural, de interlocutores, das escolhas linguístico-discursivas e da intencionalidade que constituem o desencadeamento de interações sociais. Essa concepção fundamenta a premissa de que a aprendizagem faz uso de uma variedade de artefatos culturais em diferentes esferas discursivas, de modo que o sujeito se torna responsivo ao contexto imediato com projeções para uma realidade futura.

A partir desses procedimentos, nota-se que o Google Apps, por exemplo, disponibiliza várias ferramentas para criação, compilação e compartilhamento de arquivos pela internet. No contexto da aula de inglês, alguns gêneros multimodais gratuitos e hospedados no site são: blog, e-mail, rede social, perfil público, chat, editores de texto, imagens, planilhas, formulários, enquetes, apresentações gráficas, mapas, tradutor, entre outros. A diversidade de recursos apresenta uma combinação de aspectos tipográficos, *layout* e funcionalidades que se entrelaçam às atividades em contextos reais e virtuais da experiência com a língua inglesa.

Responsivo: Bakhtin (2006) caracteriza o sujeito como um ser responsivo ao fazer escolhas, assumindo seu valor intencional de transformação do contexto.

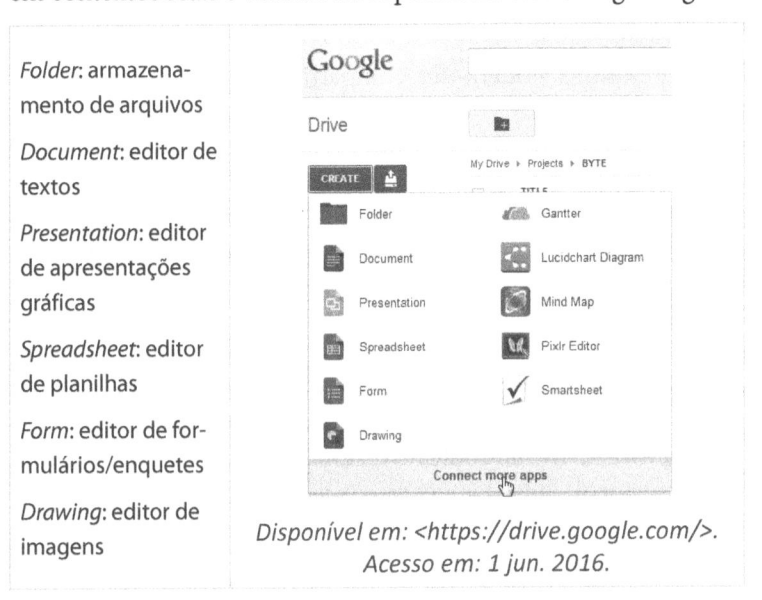

Folder: armazenamento de arquivos

Document: editor de textos

Presentation: editor de apresentações gráficas

Spreadsheet: editor de planilhas

Form: editor de formulários/enquetes

Drawing: editor de imagens

Disponível em: <https://drive.google.com/>. Acesso em: 1 jun. 2016.

Figura 7.1 – *Ferramentas para criação, Google Apps.*

Em uma aula com surdos, por exemplo, o professor de inglês pode propor uma sequência de tarefas dentro do eixo temático estudo e trabalho para aqueles em fase de conclusão do Ensino Médio. A discussão do tema é realizada em libras, mas os alunos têm como base textos em inglês com informações sobre profissões e universidades em que são ofertadas vagas para os cursos de maior interesse do grupo.

Por meio dessa pesquisa, os alunos podem estabelecer comparações entre instituições a partir da leitura de textos, tais como a grade curricular, as exigências do curso, o perfil dos profissionais da área, as possibilidades de atuação e os editais de vestibular. A coleta desses dados mobiliza ferramentas no

Google Apps como buscador, tradutor, mapas, compartilhamento de links por e-mail, chat ou outro recurso de conexão dos alunos em rede.

Nessa atividade, os alunos podem recorrer a outras plataformas que disponibilizem materiais dentro do conteúdo temático em questão para ampliar seu repertório na língua, além de informações que fundamentem as discussões em libras. Alguns exemplos são vídeos institucionais com legendas em inglês, testes vocacionais, depoimentos e comentários de pessoas ligadas a instituições de ensino ou áreas de atuação profissional selecionadas por eles para que, a partir do levantamento desses dados, os alunos possam formar um mapa conceitual de carreiras, requisitos e oportunidades disponíveis para atuação.

As pesquisas podem ser compartilhadas em apresentações para a sala com o uso de imagens, vídeos legendados, pequenos textos explicativos ou resumos mais detalhados. Tudo precisa estar de acordo com a proposta do grupo em questão. No entanto, é importante observar que há uma variedade de tarefas possíveis e níveis de desenvolvimento igualmente diversos. O ponto em destaque são os gêneros em inglês acionados para a realização da tarefa de pesquisa: página de apresentação de sites, ementas, guia de profissões, verbete de dicionário, comentários, vídeos institucionais, chat e depoimentos. Como decorrência, outros aspectos da linguagem podem ser abordados como as adequações do vocabulário ao contexto e à esfera discursiva, a organização e a intencionalidade dos gêneros e as relações de intertextualidade e multidisciplinaridade.

A mesma temática sendo abordada em uma aula com alunos cegos ganha outros contornos com a plataforma Google Apps, ao disponibilizar um dispositivo de pesquisa por voz que poderia ser utilizado na leitura de conteúdos escritos na internet. Outro recurso em crescente utilização é a audiodescrição para contextualizar elementos verbo-visuais como expressões corporais, efeitos e descrição espacial, entre outros aspectos de composição de um cenário. Alguns aplicativos gratuitos para dispositivos móveis estão ampliando a divulgação de filmes com audiodescrição, mas essa ainda não é uma realidade para todos os alunos cegos.

No contexto de sala de aula, por exemplo, o professor de inglês pode preparar antecipadamente a discussão de trechos do vídeo em que a compreensão do conteúdo está apoiada essencialmente em elementos visuais. Nesse caso, aluno e professor podem levantar hipóteses sobre a constituição do cenário antes da projeção em vídeo e retomar tais sentidos após a projeção com o conteúdo sonoro. Assim, possuem maiores condições de capturar as imagens pela troca de percepções verbais provenientes de descrição das personagens, ações, espaços e fluxo narrativo.

Considerando as interações de compreensão e produção oral em inglês, alguns *softwares* que viabilizam conexões de voz, como Google Hangouts, Skype, Messenger e Facebook, favorecem o trabalho com os gêneros orais. Em uma aula com alunos cegos, a produção de *podcasts*, diálogos, audioconferências, debates, narrativas, entrevistas e seminários podem também suscitar discussão, pesquisa e opiniões sobre a temática estudo e trabalho.

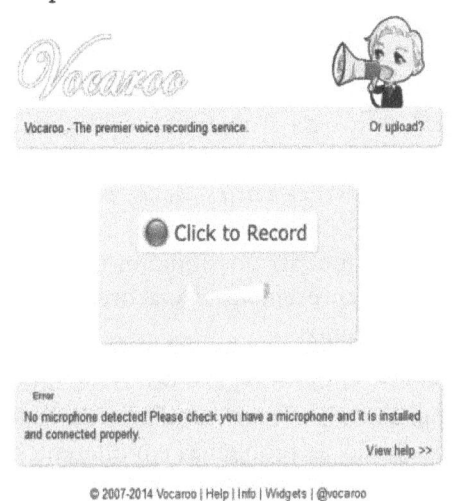

Figura 7.2 – *Vocaroo, site de gravação de áudio. Disponível em: <www.vocaroo.com>. Acesso em: 1 jun. 2016.*

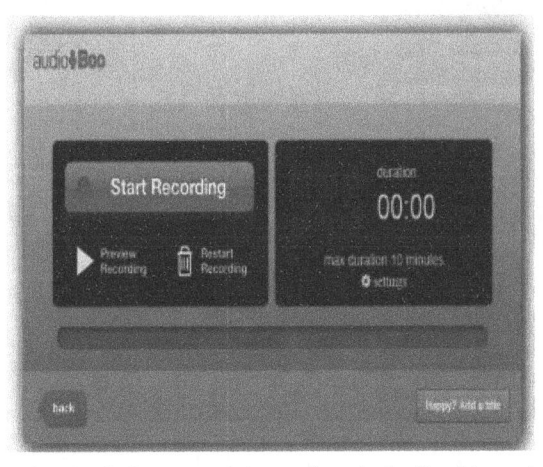

Figura 7.3 – *AudioBoo, gravador online de áudio. Disponível em: <https://audioboo.com>. Acesso em: 1 jun. 2016.*

É evidente que cada aluno apresenta necessidades particulares que precisam ser encaminhadas de maneiras distintas, como é o caso de alunos disléxicos e com TDAH. A esse respeito, os jogos e sites com exercícios mais pontuais em inglês podem contribuir com questões específicas de ortografia, memorização, estratégia, raciocínio e atenção. A interatividade nessas ferramentas permite ao aluno aperfeiçoar suas habilidades linguísticas em inglês relacionadas a vocabulário, conteúdos gramaticais e pronúncias que são utilizadas em leitura, escrita, compreensão e produção oral.

A combinação de imagem, movimento, som e escrita agrega maior valor à prática e à aprendizagem de conteúdo específico às necessidades dos alunos. Sites como BBC e American English, filiados aos departamentos de governo do Reino Unido e dos Estados Unidos da América, respectivamente, oferecem *quizzes*, *podcasts*, *crossword puzzles*, *memory games*, *videos*, *texts*, *reference links*, *short stories*, *news*, *dictionaries*, *exercises*, entre outros materiais de apoio em inglês a alunos e professores. Esses recursos multimodais possibilitam modos de aprimoramento da língua, se apresentados de acordo com as especificidades do grupo de alunos.

Jogos: São importantes, pois exploram as habilidades linguísticas em inglês atreladas a raciocínio lógico, estratégias e resolução de problemas em diferentes níveis, o que favorece, de certa forma, a percepção e a análise do mundo real pela brincadeira no mundo virtual.

Os jogos online, como é o caso do Trace Effects, exploram habilidades linguísticas em inglês atreladas ao raciocínio lógico, estratégias e resolução de problemas em diferentes níveis, o que favorece, de certa forma, a percepção e a análise do mundo real pela brincadeira no mundo virtual.

Figura 7.4 – *Trace Effects, jogo online. Disponível em: <https://traceeffects.state.gov/game/>. Acesso em: 1 jun. 2016.*

A narrativa do jogo é organizada por diferentes fases e desafios, aos quais estão submetidos os personagens. A cada capítulo, há outros jogos menores com o intuito de favorecer o enriquecimento linguístico dos alunos. Dentre eles, as palavras cruzadas podem aperfeiçoar as habilidades de leitura e escrita por exigirem conhecimentos múltiplos: ortografia, repertório, conhecimento de mundo, memória, intertextualidade, entre outros. As demais ferramentas de áudio e vídeo que compõem o site contribuem com a compreensão e a produção oral tanto na articulação e pronúncia dos sons quanto na projeção e na entonação da voz, que agregam intencionalidade ao que é dito.

Entendemos que os exemplos até aqui apresentados enfatizam a produção de conhecimentos em inglês em uma perspectiva multidisciplinar, pois as interações desencadeadas pelo uso das TICs mobilizam a apropriação da língua, bem como o uso de diferentes recursos semióticos, contextos e práticas sociais. Atividades de pesquisa, compartilhamento de informações e participação em rede tendem a fortalecer ações colaborativas entre o grupo de alunos, além de espaços exteriores à escola. Os conhecimentos produzidos podem instigar a busca por novas possibilidades de atuar no mundo.

Considerando o desenvolvimento individual do aluno e sua relação com os outros, as TICs favorecem o trabalho colaborativo em que o engajamento na produção de uma atividade depende de ações pessoais e conjuntas. Essa é uma questão fundamental em relação aos alunos com NEEs aqui discutidos.

Nesse aspecto, a criação de animações, por exemplo, exige do grupo habilidades fundamentais, a saber: levantamento e seleção de repertório linguístico em inglês, caracterização de personagens e cenário, enredo, desfecho, escolhas de efeitos audiovisuais adequados às necessidades do público-alvo, distribuição de tarefas e responsabilidades, circulação e compartilhamento em redes sociais. Para essa atividade, os alunos podem utilizar ferramentas *off-line* no próprio computador (Windows Movie Maker, Windows Media Player, PowerPoint) ou online a partir de vários sites que apresentam tutoriais e dicas de edição. Um exemplo é o Dvolver. A animação é criada passo a passo com opções de cenário, personagens, sons e caixas de diálogo para a produção escrita das interações.

Figura 7.5 – *Dvolver, editor online de vídeos. Disponível em: <www. dvolver.com/moviemaker/>. Acesso em: 1 jun. 2016.*

Como as animações, ao optar pelo uso de vídeos em inglês, algumas adequações são essenciais nas aulas com alunos com NEEs. Para alunos cegos, o ajuste adequado do áudio e a audiodescrição de movimentos e imagens para a compreensão do conteúdo veiculado oralmente são fundamentais. Considerando o contexto de aprendizagem de inglês, o professor pode discutir a descrição ou, se possível, disponibilizar a audiodescrição em português para complementar a compreensão oral em inglês. Vale lembrar que o desenvolvimento das habilidades linguísticas difere de acordo com as especificidades de cada aluno. Por isso, o professor precisa estar atento ao tipo de abordagem utilizada e adequar as práticas pedagógicas.

Na aula de inglês com alunos surdos, a legenda para a leitura do conteúdo em vídeo é uma ferramenta importante. Atualmente, tal recurso pode ser ativado em vídeos online, DVDs, aplicativos de captação de voz e legendagem para dispositivos móveis e salas de cinema. É importante enfatizar que, em uma situação ideal, os alunos surdos brasileiros que frequentam o Ensino Médio podem ter contato com três línguas diferentes (libras, português e inglês). Sendo assim, recorrer a discussões em libras ou estabelecer relações com o português pode fortalecer a compreensão do conteúdo legendado em inglês.

Nota-se, portanto, que o uso das TICs pode ser adaptado para o ensino-aprendizagem de inglês. Os dispositivos móveis têm igualmente contribuído com esse processo. Além dos aplicativos já oferecidos, é possível criar, por meio de tutoriais de programação, aqueles que melhor atendam ao perfil do usuário. Assim, compreendemos que o letramento digital diz respeito a um conjunto de ações criativas e multimodais em contextos reais e virtuais. Em inglês, tais ações são direcionadas à realização de atividades do mundo contemporâneo em esferas discursivas nas quais a língua estrangeira está presente.

PARA FINALIZAR

A nosso ver, as TICs são ferramentas enriquecedoras do trabalho do professor com alunos com NEEs, uma vez que permitem a interatividade com diferentes gêneros multimodais contemporâneos e possibilitam maior aprofundamento em questões linguísticas específicas. Entretanto, é importante enfatizar a formação contínua do docente para desenvolver o conteúdo em inglês, atrelado a propostas que evidenciem a ação dos alunos em sociedade. Para isso, é essencial que seja estabelecido um trabalho colaborativo entre professores, alunos, escola, família e serviço especializado que, por ventura, acompanhe os alunos para traçar objetivos e metodologias favoráveis ao desempenho qualitativo. Nessa perspectiva, torna-se essencial uma nova leitura e compreensão das NEEs a partir de aspectos intrinsecamente relacionados à constituição de identidade dos alunos, como questões genéticas e/ou físicas, sociais, culturais, psicológicas, emocionais e históricas, para nomear algumas facetas dessa questão complexa.

O processo de ensino-aprendizagem de inglês requer, por exemplo, maior flexibilidade do tempo para realização de atividades, critérios de avaliação processual e qualitativa adequados ao contexto de atuação e equivalência de tarefas individualizadas e socialização para o desenvolvimento global do aluno.

Em consonância com o que tem sido discutido sobre multiletramento, entendemos que o desenvolvimento de capacidades de linguagem é o que proporciona a relação dos indivíduos com múltiplos contextos sócio-histórico-culturais. Por vivenciarmos tal realidade dinâmica, as competências linguístico-discursivas precisam mobilizar nossa participação na sociedade contemporânea.

Como já fizemos menção, a multiplicidade de ferramentas disponíveis na internet é vasta e pode contribuir com um trabalho mais direcionado para alunos com NEEs. Cabe ao professor, em parceria com a equipe escolar, explorar e ampliar o potencial do aluno, envolvendo-o, criando vínculos com "a vida que se vive" (MARX; ENGELS, 2006, p. 63) por meio de compreensão, apropriação e produção multimodal de atividades em inglês presentes na vida cotidiana.

REFERÊNCIAS BIBLIOGRÁFICAS

BAKHTIN, M. Apontamentos 1970-1971. In: _____. **Estética da criação verbal**. São Paulo: Martins Fontes, 2000.

BAKHTIN, M.; VOLOCHÍNOV, V. N. **Marxismo e filosofia da linguagem**. São Paulo: Hucitec, 2006.

CHINNERY, G. M. CALL Me... Maybe: a framework for integrating the internet into ELT. **English Teaching Forum**, Washington, DC, v. 52, n. 1, p. 2-13, 2014.

JONES, R. H.; HAFNER, C. A. **Understanding digital literacies**. New York: Routledge, 2012.

LIBERALI, F. C. **Atividade social nas aulas de língua estrangeira**. São Paulo: Moderna, 2009.

LOPES, J. C. B. **Leitura em inglês com surdos**: possibilidades. 2009. 237 f. Dissertação (Mestrado em Linguística Aplicada e Estudos da Linguagem) – Pontifícia Universidade Católica de São Paulo, São Paulo, 2009.

MARX, K.; ENGELS, F. **A ideologia alemã**: teses sobre Feuerbach; Karl Marx; Friedrich Engels. 9. ed. São Paulo: Centauro, 2006.

MOITA LOPES, L. P. Os novos letramentos digitais como lugares de construção de ativismo político sobre sexualidade e gênero. **Trabalhos em Linguística Aplicada**, Campinas, v. 49, n. 2, jul./dez. 2010. Disponível em: <http://dx.doi.org/10.1590/S010318132010000200006>. Acesso em: 4 ago. 2014.

PEER, L.; REID, G. (Org.). **Special educational needs**. London: Sage, 2012.

VYGOTSKY, L. S. The fundamental problems of defectology. In: _____. **The collected works of L. S. Vygotsky**. New York: Plenum Press, 1993. v. 2. Disponível em: <www.marxists.org/archive/vygotsky/works/1929/defectology/index.htm>. Acessado em: 15 fev. 2007.

_____. **Pensamento e linguagem**. São Paulo: Martins Fontes, 2005.

Sugestões de leitura

LOPES, J. C. B. Ensino-aprendizagem de língua estrangeira para alunos com necessidades especiais. In: LIBERALI, F. C. (Org.). **Inglês**.

São Paulo: Blucher, 2012. p. 69-82. (Série A reflexão e a prática no ensino, v. 2.).

ROJO, R.; MOURA, E. (Org.). **Multiletramentos na escola**. São Paulo: Parábola, 2012.

Sugestões de sites

Dicionários online: <http://dictionary.reference.com/>; <www.wordreference.com/>.

Site com conteúdo interdisciplinar em inglês: <http://smithsonianeducation.org/students/idealabs/universe.html>.

Sites com conteúdo de ensino-aprendizagem de inglês: <http://www.esl-lab.com/>; <http://americanenglish.state.gov/>; <www.bbc.co.uk/worldservice/learningenglish/>.

Site multimídia de notícias para aprendizagem de inglês: <http://learningenglish.voanews.com/>.

Software para apresentações: <http://prezi.com>.

Software para gravação de áudio: <http://vocaroo.com/>.

8

Como lidar com os problemas contemporâneos na sala de aula

Sarah Oatney-Weiler

Andrea Vieira Miranda-Zinni

O mundo está cheio de incertezas. Prever o futuro é quase impossível. Então, como prepararmos nossos estudantes para os desafios do século XXI que está em constante mudança e transformação?

A sociedade contemporânea é diferente da de trinta anos atrás. Na década de 1980, o mundo ainda se organizava de acordo com um velho modelo industrial capitalista no qual o comando era totalmente centralizado. Hoje, vivemos na "economia do conhecimento", em que as relações são mais horizontais e distribuídas. The New London Group (2009) especifica que, dentro dessa economia, a colaboração e a criatividade são valorizadas. Então, os estudantes do século XXI precisam aprender como colaborar e ser criativo, não mais simples reprodutores de um sistema dado e predeterminado.

As abordagens de ensino-aprendizagem mais tradicionais, ainda predominantes, apresentam sua visão de mundo como algo estático, no qual todos os conhecimentos são unidimensionais e universais. A forma como os conhecimentos são trabalhados, fragmentados e isolados dos contextos de vida real não faz sentido em um mundo interconectado como o de hoje. Precisamos buscar novas formas de educar os estudantes com o objetivo de prepará-los para lidar com os problemas que a humanidade está enfrentando, integrando diferentes áreas do conhecimento, trabalhando as situações da vida real e a complexidade das decisões que precisam ser tomadas, considerando os vários pontos de vista e as diferentes possibilidades de ação.

A Lei de Diretrizes e Bases da Educação Nacional (LDB) – lei n. 9.394, Artigo 1º, parágrafo 2º – estipula que "a educação deverá vincular-se ao mundo do trabalho e à prática social" (1996/2010). A lei diz também que uma das finalidades da educação é preparar para o trabalho e a cidadania, incluindo "a formação ética e o desenvolvimento da autonomia intelectual e do pensamento crítico" (Art. 35, II e III, 2010).

Como, então, formamos nossos estudantes dentro desse novo paradigma em educação para o mundo do século XXI?

8.1 BUSCANDO NOVAS FORMAS DE EDUCAR

É necessário abordar essa pergunta central contemplando três conceitos fundamentais: integração entre áreas do conhecimento, multiletramento e educação multicultural e mediação na sala de aula. Esses três conceitos combinam-se dentro de uma aula que é dialógica, para formar estudantes preparados para lidar com o mundo deste século.

8.1.1 Integração entre áreas do conhecimento

A formação dos estudantes nesse novo paradigma exige uma abordagem que considere ir além da integração dos conteúdos, ou seja, é preciso propor uma nova concepção para integrar as disciplinas, considerando os contextos da vida real, inserindo esses estudantes no mundo interconectado de hoje.

A integração de conteúdos, segundo Cortez (2012), propõe um trabalho conjunto de uma equipe multidisciplinar (diferentes áreas envolvidas) para pensar a organização do trabalho, considerando um planejamento integrado, e a elaboração conjunta de materiais didáticos, abordando os conteúdos das diversas áreas do conhecimento, proporcionando situações em que os estudantes possam pensar e trabalhar de forma multidisciplinar e promovendo desenvolvimento sociointelectual que considerem diferentes possibilidades de pontos de vista. Essa nova concepção, então, exige considerar a linguagem (neste caso, a língua estrangeira), que é um dos meios de interação dentro da escola, como objeto de ensino-aprendizagem, bem como instrumento para que essa aprendizagem aconteça. Consideramos, assim, a língua estrangeira como instrumento e resultado (NEWMAN; HOLZMAN, 1993) que possibilita a construção de novos conhecimentos.

Desse modo, é necessário mudar o olhar para as áreas na proposta de integração, pois todas as disciplinas escolares envolvi-

Instrumento e resultado: Instrumento e resultado é um fenômeno que, segundo Cortez (2012), baseada em Newman e Holzman (1993), "define a linguagem como um instrumento constitutivo na mediação em que instrumentos e resultados são utilizados para a criação de novos instrumentos e resultados, reorganizando tanto o pensamento quanto a linguagem, e construindo novos conhecimentos" (p. 129).

das passam a ser responsáveis por trabalhar a linguagem nesse processo, ou seja, promover, simultaneamente, a construção de conhecimentos das disciplinas escolares e da língua utilizada em questão, trabalhando os conteúdos específicos, os gêneros discursivos e os aspectos linguísticos. O professor que não é responsável pela área de língua, o professor de história, por exemplo, também se preocupa com o uso da língua nas produções escritas e orais dos alunos, porque a língua é instrumento e resultado, ou seja, a linguagem utilizada e o conteúdo selecionados constituem conjuntamente um significado produzido.

8.1.2 Multiletramento e educação multicultural

Multiletramento é a construção de significados, contemplando os aspectos de diversidade social, como multilinguismo e multimodalidade (COPE; KALANTZIS, 2012), contextualizada dentro de uma perspectiva de educação multicultural. Nessa perspectiva, em vez de seguir um padrão estabelecido de conhecimento ou comportamento, por exemplo, torna crucial a tomada de decisões sobre conhecimento ou comportamento baseado em várias possibilidades provenientes de diferentes contextos sociais, históricos e culturais.

Segundo The New London Group (COPE; KALANTZIS, 2009), o conceito de multiletramento propõe que a atividade de ensino-aprendizagem seja composta de: práticas situadas em contextos de vida real, enfatizando vivências; instrução direta, com ênfase na construção de conceitos abstratos; análise crítica; práticas transformadoras em que inovação e criatividade estão expressas na aplicação de possíveis soluções de problemas contemporâneos. As propostas de ensino-aprendizagem fazem mais sentido quando nascem a partir de situações reais, sendo abstraídas e analisadas para transformar as práticas da vida real, criando um ciclo. Os problemas contemporâneos são, então, pontos de partida perfeitos para os estudos, pois se tratam de práticas situadas e transformadoras das situações de vida real.

Multiletramento e educação multicultural visam a novas formas de letramento, principalmente utilizando tecnologia e como são incorporadas em novas práticas sociais (tipos de emprego, maneiras de participação do cidadão e formas de identidade). A pessoa passa a ser considerada em sua totalidade, e não apenas uma cabeça para se encher de informações. De acordo com Cope e Kalantzis:

A abordagem de multiletramento sugere uma pedagogia para cidadania ativa... Estamos no meio de uma intensa mudança na balança de agência, em que os trabalhadores, cidadãos e pessoas, são exigidos mais e mais para atuar como usuários, jogadores, criadores e consumidores perspicazes em vez de espectadores ou consumidores aquiescentes de uma modernidade antiga... A sociedade do consumismo está sendo deslocada para uma sociedade de reflexão (2009, p. 8).

Levando isso em consideração, o modo de atuar na sala de aula precisa ser repensado para mudar de um espaço de transmissão para um espaço dialógico.

A produção de significados é central na pedagogia de multiletramento, considerando todas as formas de representação. O conceito de agência faz parte dessa produção, entendendo a produção de significados como um processo ativo em que os participantes "são os criadores e recriadores de signos e transformadores de significados" (COPE; KALANTZIS, 2009, p. 10).

Cope e Kalantzis ainda destacam:

na vida de um produtor de significados, esse processo de transformação é a essência de aprendizagem. O ato de representar para si o mundo e as representações de outros dele é transformador para o estudante. O ato de desenhar deixa o desenhista redesenhado. Enquanto o desenhista produz significados, ele coloca sua subjetividade no processo de representar, e como esses significados sempre são novos ("discernimentos", "expressões", "perspectivas"), eles refazem eles mesmos (2009, p. 12).

Em vez de aceitar o mundo com ele é e meramente reproduzi-lo, essa abordagem propõe que são as pessoas que fazem o mundo como ele é e têm o poder de transformá-lo. Há uma colaboração contínua, historicamente situada, em que todos podemos construir novas formas de agir a partir de tudo o que já existe para inovar e criar novas possibilidades no mundo.

8.1.3 Mediação

Uma transformação na sala de aula não acontece sem mediação. Ela é um componente-chave quando planejamos lidar com os problemas contemporâneos em sala e é imprescindível na análise crítica da abordagem de multiletramento e educação multicultural.

Ninin explica que, "segundo Vygotsky (1934/2000), a mediação corresponde a um processo de intervenção que possibilita uma relação entre sujeito e objetos do conhecimento" (2013, p. 55). A autora conceitua mediação dentro de uma perspectiva colaborativa, citando Molon (1999), que coloca "a mediação como pressuposto da relação eu-outro" (NININ, 2013, p. 55). Ela acrescenta que a mediação:

implica agir com o outro no sentido de gerar conflitos para que sejam resolvidos por meio de avanços no modo de pensar e no modo de agir. Atuamos de forma mediada quando provocamos o outro introduzindo elementos na reflexão tais que interfiram nos mecanismos do pensar e se posicionem como modificadores/interventores entre o que já existe em termos de um pensar cognitivamente estruturado e novas possibilidades para esse pensar, orientadas para responder a argumentos fundamentados e geradores de avanços no pensamento científico. Na mediação, os instrumentos têm a função de conduzir/orientar a influência humana em direção ao objeto da atividade (NININ, 2009, p. 57-58).

A autora ainda aponta que questionamentos argumentativos atuam como instrumentos mediadores e sugere seu uso reflexivo como "ferramenta ou signo de mediação" (NININ, 2013, p. 59). Para Ninin, esses "atos mediados interferem na constituição do pensamento crítico" (2013, p. 60). Tais perguntas seriam do campo de mediação implícita, segundo Wertsch, que elucida que a mediação explícita é "facilmente identificada por símbolos e instrumentos que aparecem em sua materialidade e estão disponíveis aos sujeitos para explorá-los" (2007, p. 180). A mediação implícita é "menos óbvia e, portanto, mais difícil de ser identificada; aparece como signo ou ferramenta escondida por trás da linguagem" (WERTSCH, 2007, p. 184). Alguns exemplos de perguntas reflexivas que atuam como instrumentos mediadores são: o que você quer dizer? O que vocês acham? Por que vocês acham isso? O que isso significa?

A colaboração e a criação de novas possibilidades para lidar com os problemas contemporâneos do século XXI, com base nos conceitos de integração entre áreas do conhecimento, multiletramento e educação multicultural e mediação, permitem que os estudantes de hoje não se formem como reprodutores passivos do *status quo*, mas, sim, como transformadores da sociedade, atuando no mundo com uma proposta.

8.2 PRÁTICA

Para exemplificar o desenvolvimento do trabalho com problemas contemporâneos na sala de aula, mobilizando os conceitos mencionados anteriormente, selecionamos o problema contemporâneo do aquecimento global.

Para iniciar essa discussão, apresentamos alguns recursos (notícias, reportagens, documentários, entre outros) para contextualizar o problema contemporâneo em questão. Lançamos uma pergunta-guia: o que podemos fazer para lidar com aquecimento global? Professores das áreas de ciências, língua inglesa, informática e teatro atuam em conjunto para a elaboração de um planejamento integrado das áreas, considerando a língua como instrumento e resultado.

Os professores e os estudantes decidem construir uma atividade, neste caso, uma campanha de conscientização pública em resposta a essa pergunta-guia. O professor de língua inglesa discute com os estudantes o contexto de produção da atividade da campanha: quem participa (os sujeitos e a comunidade), como participam (as ações, a divisão de trabalho, as regras e os instrumentos), quando e onde participam e por que participam (o objeto). Tudo isso se dá dentro de uma perspectiva sócio-histórico-cultural, a qual considera as várias possibilidades de como atuar no mundo e tomar decisões sobre como cada um quer atuar.

Perspectiva sócio-histórico-cultural: É uma proposta vygotskiana que destaca que o conhecimento é: multidimensional, tendo posições diversas frente ao conhecimento de uma dimensão social, composta das maneiras diferentes como vários grupos sociais lidam com conhecimento; histórico, que engloba a evolução de conhecimento historicamente; e cultural, que visa o desenvolvimento do conhecimento ao redor do mundo nas diferentes culturas.

Considerando nosso exemplo, o currículo de língua inglesa, para o trimestre em questão, é constituído de gêneros como: carta argumentativa para convencer o público a participar de uma campanha, discurso de campanha, pôster, *slogan* e *banner*/cartaz. Esses aspectos são trabalhados considerando seus contextos de produção, organizações textuais e aspectos linguísticos mais relevantes relacionados a cada um desses gêneros. Carta argumentativa, pôster e *banner*/cartaz são gêneros escritos, enquanto discurso e *slogan* são gêneros orais, todos podem ser usados para produção. O currículo de ciências, por sua vez, tem como conteúdo estruturante os ecossistemas, seus componentes e organização, algumas estratégias de vida em diferentes ecossistemas, a interferência humana no ambiente afetando diferentes ecossistemas, a importância de criação e manutenção de parques nacionais e, por fim, os fenômenos naturais provocados por agentes externos. O currículo de informática trabalha com conhecimentos de edição de textos (Publisher) e programação (Outlook) para envio de e-mails com mensagens personalizadas. O currículo de teatro desenvolve conteúdo sobre estruturas cênicas (quem, onde e o quê) e relações da *performance* (público/*performer*), que são parte dos conteúdos a serem trabalhados no mesmo trimestre.

Em parceria, professores e estudantes planejam as ações da atividade na abordagem de multiletramento e educação multicultural. Começam com a investigação das práticas situadas, que contribuem para o aumento do aquecimento global. Os estudantes produzem pesquisas de campo, elaborando questionários para coletar dados, dentro da escola (colegas de outros anos) e fora dela (parentes e membros da comunidade), a fim de recolher dados sobre as práticas nas quais as pessoas se envolvem para produzir ou reduzir os fatores que contribuem para o aquecimento global, o problema contemporâneo. É nesse momento que os estudantes analisam os diferentes tipos de perguntas para a elaboração do questionário e, posteriormente, produzem relatórios concisos de pesquisa, descrevendo essas práticas e suas consequências.

Para entender, conceituar e abstrair as bases científicas e históricas da questão do aquecimento global, estudantes e professores fazem várias experiências no laboratório de ciências, assistem a vários documentários (como, por exemplo, *Uma verdade inconveniente*, de Al Gore), leem diversos textos sobre os conteúdos curriculares (como o ciclo de carbono e o funcionamento de ecossistemas) e conduzem outras pesquisas. Existem múltiplos momentos de debate e discussões dentro da sala de aula entre os estudantes e os professores no processo de análise crítica do problema contemporâneo do aquecimento global. Nesses momentos, estudantes e professores atuam como comediadores para a produção de significados compartilhados a partir da argumentação na sala de aula, principalmente por meio de perguntas.

O professor coloca uma pergunta-guia que traz o problema contemporâneo, como: o que podemos fazer para lidar com o aquecimento global? Os estudantes comentam sobre ações pessoais, como utilização de transporte coletivo e uso de ciclovias para andar de bicicleta, bem como sobre a necessidade de novas leis para regular mais o impacto da agricultura e da indústria no aquecimento global. O professor pode pedir para os estudantes aprofundarem mais suas posições, perguntando: quais ações produziriam mais resultados, e por quê? Os estudantes vão precisar utilizar os conhecimentos para sustentar suas posições, e as colocações dos estudantes podem ser questionadas na discussão. Por final, o professor faz o movimento de entrelace de posições para chegar a uma conclusão com o grupo, por meio de uma pergunta como: então, levando em conta todas as possibilidades de ação e os resultados que trouxeram, onde colocamos nosso foco de campanha? Ao longo de todos os debates na sala de aula, essas questões, entre outras, podem ser discutidas e revistas várias vezes para, desse modo, os estudantes terem oportunidade de mudar de posição e repensar seus posicionamentos frente ao problema contemporâneo, considerando suas ações para transformá-lo.

Para investigar os conteúdos associados a um problema contemporâneo, estudantes e professores também podem fazer estudo de campo dentro de um parque. Várias atividades de leitura e interpretação relacionadas ao estudo de ecossistemas, preservação do meio ambiente e papel do ser humano no aquecimento global são desenvolvidas para que estudantes estejam preparados para a vivência proposta. Durante o estudo do meio, estudantes e professores têm a oportunidade de entrevistar especialistas para aprofundar as pesquisas que realizaram. Nesse momento, há uma retomada da elaboração dos diferentes tipos de perguntas e propostas de análise de respostas que apresentam diferentes perspectivas e posicionamentos.

Tudo isso faz parte da atividade da campanha, que tem o objetivo de transformar as práticas de estudantes, professores e comunidade escolar frente ao problema contemporâneo do aquecimento global. Estudantes e professores criam *slogans* e "gritos de guerra" para a campanha contra o aquecimento global, discursos de campanha, pôsteres e *banners*. Estudantes enviam e-mails com uma carta argumentativa para convidar alunos de outras escolas ao redor do mundo para participar da campanha virtualmente, a fim de conscientizar e convocar o público a tomar um posicionamento sobre o problema contemporâneo do aquecimento global. Produzem discursos de campanha, nos quais descrevem um aspecto com relação a esse problema contemporâneo, convocam seu público a transformar suas ações, por meio do discurso argumentativo, estudando o tempo verbal imperativo. A *performance* do discurso é trabalhada como um elemento de improvisação de palco, que o professor de teatro cria com os estudantes para realmente produzir uma manifestação de rua para a campanha e um comício político.

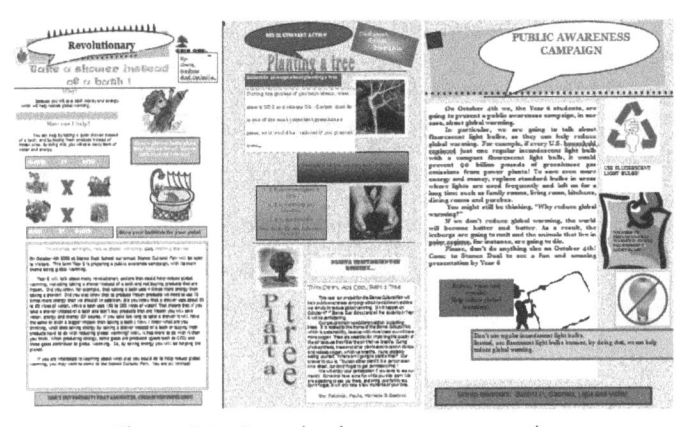

Figura 8.1 – *Exemplos de cartas argumentativas.*

Figura 8.2 – *Imagem de marcha.*

Figura 8.3 – *Imagem de comício político.*

Quadro 8.1 – Discurso em comício

Transcrição de uma parte do comício político que mostra o discurso político, os *slogans* e as respostas do público.	
Slogans	The earth is going down, getting worse all around.
	Give it a chance by doing what's right.
	Carpooling, not polluting, just being wise.
	Reduce global warming!
	I can't hear you!
	Reduce global warming!
	Throwing trash in the bin, doing much, much more.
	Making it a better place, for the human race.
	Reduce global warming!
	Let's plant trees.
	Let's plant trees.
	Let's plant trees.
	Seven, eight, nine,
	Now is the time, global warming is a crime!
Discurso político	All I know is that if everyone takes a revolutionary action you can try to save the world from the destruction caused by global warming!
	If everybody cooperates to reduce, use less cars, you will have less pollution and less traffic!
	And dry clothes, you are going to reduce the energy and the money!
	I am tired of listening everybody saying, "Oh, global warming is a crime", but I have never seen anyone buying a car remember that global warming is important.
	Save the world!
Slogans	Four, five, six,
	It's good for you and me.
	Seven, eight, nine,
	Now is the time, global warming is a crime.

8.3 PROPOSTAS: COMO PREPARAR

É importante que haja uma colaboração entre professores e estudantes para selecionar um problema contemporâneo significativo, que vise desenvolver uma atividade e um planejamento, levando em conta os conteúdos curriculares das áreas de conhecimento de forma integrada e multidisciplinar. Problemas contemporâneos podem variar dentre as esferas ambientais, políticas, sociais ou culturais, que questionam os significados na teoria e na prática de conceitos como desigualdade, opressão, desrespeito dos direitos humanos etc. As atividades possuem um caráter transformador, como, por exemplo, uma campanha, para atuar dentro da perspectiva de multiletramento e educação multicultural, promovendo a agência e o poder de todos os participantes.

Para que todos sejam envolvidos na atividade, é necessário trabalhar com o contexto de produção da atividade, considerando quem, como, onde, quando e por que participa. Utilizando filmes, artigos, manchetes de revistas ou jornais, músicas, poesias, histórias, imagens, palestras de especialistas convidados, entrevistas, entre outros meios, o professor de língua pode assumir a liderança da equipe de professores, ao estabelecer o contexto de produção da atividade com os alunos, considerando diferentes possibilidades histórico, cultural e socialmente construídas.

Todos os professores envolvidos partem dos estudos dos conteúdos curriculares nas atividades sociais e de uma pergunta-guia relacionada ao problema contemporâneo. Seguindo a abordagem proposta pelo The New London Group sobre multiletramentos e educação multicultural, os professores, já situando os conteúdos em práticas sociais da vida real na atividade social, podem trabalhar com os estudantes na construção de conceitos abstratos, análise crítica e práticas transformadoras relacionados com a pergunta-guia sobre o problema contemporâneo.

Todo o processo de estudo é composto de uma visão dialógica em que professores e estudantes têm vozes ativas para participar e elaborar pontos de vista sobre os conteúdos curriculares, a atividade e a pergunta-guia. Todos têm a responsabilidade de mediar a construção do conhecimento do outro (os professores ainda mais) e de promover uma colaboração criativa na produção de significados compartilhados na sala de aula. Uma produção final em que todos os participantes têm um papel ativo e transformador com um público autêntico seria ideal para concluir os estudos.

PARA FINALIZAR

O mundo já está diferente. Porém, nossas teorias e práticas pedagógicas ainda permanecem no século passado. Precisamos refletir sobre nossas práticas e sobre o que atingimos com elas. Essas práticas desatualizadas não estão formando trabalhadores, cidadãos nem pessoas prontas para enfrentar os desafios do século XXI.

A criação de uma atividade da vida real, que foca um problema contemporâneo, integrando múltiplas áreas de conhecimento e múltiplas maneiras sócio-histórico-culturais de analisar criticamente o problema, oferece a possibilidade de transformação do mundo e da vida dos participantes, enquanto os estudantes aprendem os conteúdos curriculares da escola. Dentro de uma sala de aula que prioriza um diálogo argumentativo, os estudantes têm voz e escuta para planejar e executar ações transformadoras no mundo.

Teoria e prática apresentadas neste texto são alternativas para práticas ultrapassadas e apresentam um deslocamento na balança de agência dentro da sala de aula. Todos têm voz e escuta em uma participação ativa dentro da sala de aula e fora dela. Precisamos olhar a unidade e a totalidade que constrói o mundo e não dividir tudo em partes, sem nenhuma conexão. Nós criamos o mundo como ele é e temos o poder conjunto para transformá-lo.

REFERÊNCIAS BIBLIOGRÁFICAS

COPE, B.; KALANTZIS, M. 'Multiliteracies': new literacies, new learning. **Pedagogies: An International Journal**, London, v. 4, p. 164-195, 2009.

_____. **Literacies**. Cambridge: Sydney, 2012.

DANIELS, H. **Uma introdução a Vygotsky**. São Paulo: Loyola, 2002.

FREIRE, P. **Pedagogy of the oppressed**. New York: Herder and Herder, 1972.

HOLZMAN, L. Vygotsky's zone of proximal development: the human activity zone. **Annual Meeting of the American Psychological Association**, Chicago, 2002. Disponível em: <http://eastsideinstitute.org/wp-content/uploads/2014/05/Vygostskys-Zone-of-Proximal-Development.pdf>. Acesso em: 27 jun. 2016.

LAVE, J.; WENGER, E. **Situated learning:** legitimate peripheral participation. Cambridge: Cambridge University Press, 1991.

LEONTIEV, A. **Activity, consciousness and personality**. San Diego: 1977. Disponível em: <http://lchc.ucsd.edu/mca/paper/leontiev>. Acesso em: 24 jun. 2015.

LIBERALI, F. C. **Formação crítica de educadores**. São Paulo: Cabral, 2008.

MAGALHAES, M. C. C. O método para Vygotsky: a zona proximal de desenvolvimento como zona de colaboração e criticidade criativas. In: SCHETTINI, R. H. et al. (Org.). **Vygotsky:** uma revisita no início do século XXI. São Paulo: Andross, 2009. p. 53-58.

MATEUS, E. Práxis colaborativa e as possibilidades de ser com o outro. In: SCHETTINI, R. H. et al. (Org.). **Vygotsky:** uma revisita no início do século XXI. São Paulo: Andross, 2009. p. 17-52.

NEWMAN, F.; HOLZMAN, L. **Lev Vygotsky:** cientista revolucionário. São Paulo: Loyola, 1993.

NININ, M. **Da pergunta como ato monológico avaliativo à pergunta como espaço para expansão dialógica**. São Paulo: Pedro e João, 2013.

SKINNER, B. F. **Sobre o behaviorismo**. São Paulo: Cultrix, 1995.

VYGOTSKY, L. **Mind in society**. Cambridge: Harvard University Press, 1978.

WERTSCH, J. V. Mediation. In: DANIELS, H; COLE, M.; WERTSCH, J. V. (Ed.). **The Cambridge companion to Vygotsky**. London: Cambridge University Press, 2007. p. 178-192.

Sugestões de leitura e vídeo

COPE, B.; KALANTZIS, M. **What's the use of technology in learning? Introducing seven e-affordances**. 3 mar. 2014. Disponível em: <www.youtube.com/watch?v=INC4s_kuC7g>. Acesso em: 24 jun. 2015.

RISÉRIO CORTEZ, A. P. B. **A língua inglesa como objeto e instrumento mediador de ensino-aprendizagem em educação bilíngue**. 2007. 185 f. Dissertação (Mestrado em Linguística Aplicada e Estudos da Linguagem) – Pontifícia Universidade Católica de São Paulo, São Paulo, 2007.

9

Ensino-aprendizagem de inglês: mercado de trabalho e vida profissional

Maria Cecília Camargo Magalhães

Simone Alves Magalhães

9.1 INTRODUÇÃO

O foco do ensino de línguas estrangeiras no Ensino Médio, segundo as orientações curriculares nacionais (BRASIL, 2006), necessita estar organizado em práticas de leitura, escrita e comunicação oral inseridas em contextos significativos, em que o aluno possa usar a língua estrangeira não só para fins comunicativos. O currículo necessita, assim, ser pensado para incluir os alunos em práticas didáticas que dialoguem com a diversidade cultural, envolvendo-os com questões sociais, políticas, culturais e educacionais da "vida que se vive". Para isso, o ensino-aprendizagem de língua estrangeira precisa criar contextos de ensino-aprendizagem em que os alunos interajam com múltiplos contextos sociais. A apropriação da língua inglesa (LI) nessa faixa etária envolve, também, questões afetivas que são centralmente importantes à aprendizagem e ao desenvolvimento dos alunos, uma vez que aprendizagem e desenvolvimento estão indivisivelmente relacionados aos motivos em agir.

Dessa forma, este capítulo está organizado para discutir: as questões afeto-cognitivas da adolescência ligadas ao tema mercado de trabalho e vida profissional; a organização das práticas didáticas com foco em atividades sociais no currículo voltado ao trabalho com multiletramentos e exemplos de tarefas a serem desenvolvidas.

9.2 AFETO-COGNIÇÃO E O MERCADO DE TRABALHO

Um conceito fundamental no pensamento de Vygotsky é a centralidade da linguagem nas relações. Em suas discussões, com base no materialismo histórico dialético (MARX; ENGELS, 2006), a linguagem organiza as relações dialógicas e dialéticas entre sujeitos participantes em práticas sócio-histórico-culturais. As relações dialéticas referem-se a organizações de linguagem, nas interações, em que os participantes influenciam as ideias uns dos outros, na produção de conhecimento.

No contexto escolar, a organização colaborativo-crítica, proposta por Vygotsky, é central para o processo de produção de conhecimento e da construção de relações na zona de desenvolvimento proximal (ZPD), o que é discutido nesta seção. O conceito de ZPD traz esclarecimentos sobre a compreensão do processo de aprendizagem e desenvolvimento do ser humano de forma geral. Na perspectiva sócio-histórica, ZPD pode ser considerada como o conceito mais importante de Vygotsky e entendida como uma zona de possibilidades, em que os sentidos dos participantes são colocados em discussão para a construção de novos significados, que teriam a possibilidade de transformar totalidades (NEWMAN; HOLZMAN, 2002).

Relacionando o conceito de ZPD à temática deste capítulo, que trata da inserção dos jovens no mercado de trabalho e na vida profissional, pode-se afirmar que ele define e ilustra a situação de aprendizagem na qual os adolescentes estão inseridos. Trata--se de um momento crucial de construção compartilhada de novos significados acerca do conceito de trabalho, em que os sujeitos vivenciam conflitos entre sentidos produzidos de forma sócio-histórico-cultural em suas experiências e compartilham novas compreensões de realidades já conhecidas ou não conhecidas – um momento de insegurança quanto a decisões a tomar.

Em outras palavras, no momento em que os jovens compreendem o trabalho como uma demanda material em suas vidas, o processo consciente de ressignificação desse conceito tem início a partir do confronto com perguntas as mais diversas possíveis, tais como: O que quero fazer de minha vida? Que caminho seguir? Com o que gostaria de trabalhar? Quais são minhas áreas de interesse?

Nessa direção, enfatizamos que o conceito de ZPD, além de ser um espaço dialético de formação coletiva, é também um espaço em que conflitos entre sentidos produzidos de modo sócio--histórico-cultural podem ser enfocados e discutidos de forma a possibilitar ressignificações de sentidos e o compartilhamento de novos significados e novas criações.

Portanto, pensar na atividade "aula de inglês" como um espaço para criar ZPD que possibilitem reflexões sobre a inserção no mercado de trabalho e na vida profissional significa entender que, em uma atividade, é necessário trabalhar de forma colaborativa os conflitos entre o objeto da atividade, as ações dos participantes, as regras que embasam as relações e a qualidade da divisão do trabalho. Significa, finalmente, criar um contexto em que os participantes aprendam a "performar" (veja discussão no texto de Pretini e Mendes, Capítulo 3) para agir nesses contextos ainda não dominados.

Holzman apoia a ideia do desenvolvimento de ZPD performáticas, o que significa dizer que o adolescente, ao ser confrontado com dilemas, como arrumar um emprego ou escolher uma carreira, pode brincar de atuar em formas de agir sobre esses dilemas, de modo que ele consiga fazer coisas que ainda não sabe fazer. Nas palavras da autora: "Na ZPD performática, as crianças se desenvolvem por que elas são tanto quem são quanto além do que são, ou outras, mais do que são ao mesmo tempo" (2010, p. 10).

Nas aulas de inglês, a construção compartilhada de ZPD performáticas com enfoque no conceito de trabalho pode abrir espaço para o desenvolvimento das habilidades linguísticas e para a elaboração de modos de agir sobre as temáticas propostas em sala de aula. Isso se dá a partir de tarefas propondo a participação volitiva e consciente do adolescente, de forma que possa fazer escolhas e tomar decisões sobre o que dizer e como dizer, assim como sobre o que fazer e como fazer, "brincando" de ser o que ainda não é. Entretanto, é preciso reconhecer que também é um momento de alta fragilidade emocional para o adolescente. As incertezas diante do futuro e a insegurança sobre as escolhas que devem ser feitas – ou a falta delas – podem acuar ou, até mesmo, paralisar o jovem que se encontra nessa situação.

Por isso, coerentemente com sua compreensão da relação entre conceitos, Vygotsky não dicotomiza cognição e afeto nem separa essas duas instâncias da dimensão social. Para ele, o afeto está intimamente ligado à cognição e ao desenvolvimento da consciência do sujeito. Na compreensão do autor, devemos considerar a existência da "unidade dos processos afetivos e cognitivos" (VYGOTSKY, 1987, p. 50), uma vez que cada ideia contém uma marca afetiva do sujeito que a produz em determinado contexto. Da mesma forma, podemos identificar nos modos de agir escolhidos pelo sujeito – ou na maneira como ele escolhe afetar e ser afetado (SPINOZA, 2011) – as inclinações e necessidades de seu pensamento.

É essencial, portanto, que as aulas de inglês ofereçam oportunidades de ressignificação aos jovens sobre as escolhas feitas acerca de suas necessidades, de forma que, pela aprendizagem do inglês, o aluno possa reconsiderar seus pontos de vista, compreender a realidade por outras perspectivas e tentar tomar decisões conscientes e engajadas. A construção de conhecimento compartilhado pautada no exercício de ZPD performáticas em sala de aula pode colaborar substancialmente com esse processo.

9.3 ATIVIDADES SOCIAIS E MULTILETRAMENTO

Uma forma de trabalhar com o ensino-aprendizagem de LI é criar ambientes em que os alunos interajam com múltiplos contextos sociais, como discutido por Liberali e Santiago (Capítulo 1). As autoras sugerem trazer o foco para as Atividades Sociais (AS) como organizadoras de currículo em processos de transformação e não de reprodução.

Atividades sociais (AS): Atividades em que os sujeitos estão em interação com outros em contextos culturais determinados e historicamente dependentes. A opção por denominar tarefas, às ações didáticas realizadas em sala de aula, é feita para evitar a constante confusão entre os conceitos de atividade social e de atividade didática, geralmente utilizados por educadores, como abordado por Liberali e Santiago.

Pensar em atividades sociais como organizadoras desse tema significa possibilitar aos sujeitos participantes múltiplas formas de representar a realidade quanto às necessidades de inserção no mercado de trabalho e na vida profissional. Isto é, atividades em que o desenvolvimento da leitura, da produção escrita e da comunicação oral estejam relacionadas à vida social, em que os conhecimentos linguístico-gramaticais estejam voltados a práticas criativas e não reprodutivas e relacionados a uma prática de multiletramentos, como discutido por Kalantzis e Cope (2013). Para eles, o termo *multiletramentos* refere-se à *comunicação* – multiplicidade de convenções na criação de significado em diferentes contextos socioculturais ou situações específicas, o que envolve a pluralidade e a diversidade cultural – e à *representação* que envolve a multimodalidade, isto é, a multiplicidade de linguagens, semioses e mídias.

A proposta de Kalantzis e Cope vai na mesma direção das discussões de Vygotsky quanto à criação de uma ZPD, em que os alunos tenham um papel central como *designers*, como produtores de significados na relação com outros em uma organização de linguagem colaborativo-crítica. Todavia, avança, ao salientar, nas possibilidades atuais, o papel de todas as formas de representação, incluindo a linguagem com base em artefatos representacionais disponíveis (textos escritos, imagens, textos multimodais, entre outros).

Nesse quadro, é importante considerarmos como os gêneros do discurso (artefatos representacionais disponíveis nas várias esferas) encaixam-se nessa proposta, em que o foco está em atividades sociais, o que significa selecionar e operar com base nos gêneros discursivos. Como aponta Rojo (2013), é preciso destacar que o gênero não é apenas um formato, mas define a composição do enunciado e seu estilo, como salienta Bakhtin (2003).

Discutimos, a seguir, a proposta pedagógica que organiza as duas atividades sociais a serem propostas, bem como a descrição e a discussão das atividades organizadas em cadeia.

9.4 PROPOSTA PEDAGÓGICA: BASEADA EM ATIVIDADES SOCIAIS E MULTILETRAMENTOS

Como já apontamos, a organização desta proposta está apoiada no conceito de atividade social e nas discussões de multiletramentos de Kalantzis e Cope (2013), o que envolve multicuturalidade, multimodalidade e multimídia. A organização didático-pedagógica está também apoiada nas discussões de Kalantzis e Cope, em que as práticas didáticas são organizadas com base em (Capítulo 1):

- prática situada (os conteúdos em foco e as experiências práticas dos alunos);

- instrução evidente (a explicitação dos conceitos);

- enquadramento crítico (a análise das funções do texto e dos interesses dos participantes na situação de comunicação);

- prática transformada (compreensão e aplicação críticas dos conhecimentos e no mundo real).

Quadro 9.1 – Retomando cada um dos conceitos

- Na **prática situada**, os alunos experienciam os significados em foco, as práticas que relacionam o conhecimento escolar e a vida real e/ou textos familiares e não familiares.

- Na **instrução evidente**, conceitos e teoria são enfocados, mas em um processo em que os aprendizes tornam-se ativos produtores de conhecimento, tornando o tácito explícito e generalizando a partir do particular.

- No **enquadramento crítico**, os aprendizes analisam as funções do texto e as avaliam quanto a relações de poder, perguntando-se de forma crítica sobre interesses dos participantes no processo de comunicação.

- A **prática transformada** envolve a criação de conhecimento e compreensão em situações do mundo real.

9.5 ATIVIDADES SOCIAIS PROPOSTAS: ARRUMAR EMPREGO, ESCOLHER CARREIRA E FAZER TRABALHO VOLUNTÁRIO

Para trabalharmos com os temas mercado de trabalho e vida profissional, escolhemos enfocar três atividades sociais – arrumar emprego, escolher carreira e fazer trabalho voluntário –, organizadas em cadeia para serem enfocadas com base na proposta de Kalantzis e Cope. A organização também foi pensada levando-se em conta os diferentes níveis de dificuldade das tarefas. Assim, os professores têm maior possibilidade de escolha de acordo com a dificuldade da tarefa que desejam para sua classe.

São propostas voltadas a criar ambientes em que os alunos se apropriem da língua estrangeira enquanto agem ativamente para, de forma crítica, compartilharem com os colegas e o professor o objeto em foco e, nesse contexto, criar, questionar, repensar e transformar a si mesmo, aos outros e ao objeto produzido. O objetivo é enfocar linguagem, cultura e valores em relação ao mercado de trabalho e formação profissional.

A seguir discutimos cada uma das atividades sociais propostas.

9.5.1 Atividade social 1: arrumar um emprego

Quadro 9.2 – Experienciando o contexto: prática situada

Contexto de produção:	
Uso de imagens que remetam à atividade social "arrumar um emprego", tais como: alguém jovem procurando emprego no jornal, um adolescente procurando por emprego na internet, um jovem entregando um currículo em uma loja etc.	
Tarefa menos complexa	Os alunos recebem cartões com palavras que podem identificar elementos da imagem ou não. A tarefa seria: *What can you find in the picture?* Concluir com a pergunta: *Do you have any work experience?*
Tarefa intermediária	Professor distribui cartões com palavras-chave que possam auxiliar os alunos a descrever as imagens. Depois os auxilia com possíveis dúvidas de vocabulário que possam surgir. Concluir com a pergunta: *Do you have any work experience?*

(continua)

Quadro 9.2 – Experienciando o contexto: prática situada *(continuação)*

Contexto de produção:	
Tarefa mais complexa	Professor elabora perguntas que promovam uma breve discussão sobre o tema e as distribui aos alunos para discussão em grupo, tais como: *Who are they?; What are they doing?; Why are they doing it?; Do you have any work experience?; Have you ever had a job?; Would you like to have one? Why?*

Quadro 9.3 – Organização textual: instrução evidente

Conteúdo temático:	
	Levantamento de ações possíveis que seriam trilhadas por adolescentes procurando um emprego, bem como de decisões que seriam tomadas ao longo do processo.
Tarefa menos complexa	Professor apresenta imagens que retratam os diferentes movimentos que poderiam ser trilhados por um adolescente procurando um emprego. Pede aos alunos que as organizem de acordo com uma sequência lógica. Então, distribui tarjetas com a descrição de cada uma das atividades e pede aos alunos que as associem às imagens organizadas anteriormente. Finalmente, os alunos criam uma ação mais relevante para eles na busca por um emprego.
Tarefa intermediária	Professor elenca os temas a seguir e pede aos alunos que os categorizem de acordo com sua relevância, justificando suas escolhas: • entrevista; • participação em dinâmicas de grupo; • confecção de um currículo; • escrita de uma carta de apresentação; • preenchimento de um cadastro; • construção de *network*.
Tarefa mais complexa	Professor pede aos alunos que elaborem uma sequência de ações possíveis para que um adolescente arrume um emprego, justificando suas escolhas. Alunos podem comparar suas sequências posteriormente com o objetivo de construir uma sequência comum a todos os membros do grupo.

9.5.1.1 Aspectos linguísticos: prática transformada e enquadramento crítico

A partir deste ponto, a linguagem é enfocada para a revisão das escolhas feitas pelos alunos no momento anterior, ou seja, cada tema determinado como relevante é repensado para a construção de uma nova proposta de trabalho, com base em situações sociais reais, que levem em conta relações de poder e interesses dos participantes na situação em foco. Os recortes são múltiplos e as possibilidades, infinitas.

Como *tarefas mais avançadas*, por exemplo, pode-se escolher trabalhar toda a sequência de ações já elaboradas pelos alunos para a produção de atividades reais, tais como: *performances* de uma entrevista que estejam apoiadas em discussões sobre os interesses de todos os participantes envolvidos, elaboração de uma carta de apresentação que retome, repense e reorganize ações pensadas anteriormente e voltadas para escolhas que possibilitem que ações colaborativo-críticas sejam enfocadas. Como *tarefas intermediárias*, é possível propor aos alunos que o foco seja colocado na discussão, na avaliação e na reorganização de duas atividades que foram escolhidas como as mais relevantes. A partir delas, construir toda uma sequência de atividades com enfoque em questões de poder e interesses em agir dos participantes. Como *tarefas mais elementares*, os alunos trabalham com o tema escolhido como o mais relevante para criar uma *performance*, trazendo engajamento e motivação para agir na língua estrangeira e criando relações que revelem a organização da linguagem para agir no mundo real da procura de emprego.

9.5.2 Atividade social 2: escolher uma carreira

Quadro 9.4 – Experienciando o contexto: prática situada

Contexto de produção:
Contraste entre as atividades sociais "arranjar um emprego" *versus* "escolher uma carreira", a partir de leituras extraídas de diversos tipos de mídias, escolhidas de acordo com a necessidade de cada grupo.

Tarefa menos complexa	Professor propõe a leitura de um *post* do Facebook, apresentando o contraste entre as duas escolhas e elabora questões que ajudem os alunos, em duplas, a compreender e refletir sobre o texto.
	Sugestão de texto: "Humans of New York, un projet photographique ambitieux" (Disponível em: <https://www.facebook.com/humansofnewyork/%20photos/pb.1 02099916530784;2207520000.1410640268./7640913303 31636/?type=3>. Acesso em: 13 set. 2014).

(continua)

Quadro 9.4 – Experienciando o contexto: prática situada *(continuação)*

Contexto de produção:	
Tarefa intermediária	Professor propõe a leitura de um texto de blog que discute as diferenças entre arranjar um emprego e escolher uma carreira, bem como os possíveis impactos que cada um produz sobre nossas vidas. Organiza a turma em pequenos grupos e pede que elaborem uma breve *performance* que ilustre um dos pontos elencados no texto. O restante da turma deve assistir e tentar adivinhar qual ponto o grupo performou. Sugestão de texto: "Bad career advice: do what you love" (Disponível em: <http://blog.penelopetrunk.com/2007/12/18/bad-career-advice-do-what-you-love/>. Acesso em: 13 set. 2014).
Tarefa mais complexa	Professor propõe a leitura de um artigo discutindo essa diferenciação. Depois, sugere um exercício de reflexão com a construção de uma tabela comparativo-contrastiva em grupo. Essas tabelas, quando concluídas, podem ser compartilhadas com outros grupos com o intuito de expandir o repertório de ideias e compreensões do texto. Sugestão de texto: "The benefits of choosing a career vs. a job" (Disponível em: <http://career-management-promotions.knoji.com/the-benefits-of-choosing-a-career-vs-a-job/>. Acesso em: 13 set. 2014).

Quadro 9.5 – Organização textual: instrução evidente

Conteúdo temático:	
	Levantamento de ações possíveis que seriam trilhadas por adolescentes para escolher uma carreira e de decisões que seriam tomadas ao longo do processo.
Tarefa menos complexa	Professor apresenta aos alunos algumas ferramentas que podem auxiliar um adolescente na escolha de uma carreira e pede que, trabalhando em duplas, compartilhem com o colega todo o conhecimento que têm sobre a ferramenta apresentada. Troca as duplas e repete a tarefa com o intuito de expandir o repertório de conhecimento dos alunos. Ao final, a turma deve elencar, conjuntamente, todo o conhecimento compartilhado durante as conversas. O professor, se necessário, auxilia com a complementação de informações sobre o tema.

(continua)

Quadro 9.5 – Organização textual: instrução evidente *(continuação)*

Conteúdo temático:	
Tarefa intermediária	Professor propõe que os alunos façam um levantamento sobre ferramentas que possam auxiliar um adolescente na escolha de uma carreira. Após a conclusão do levantamento, divide a turma em grupos menores e estabelece que cada grupo pesquisará, de maneira mais aprofundada, uma das ferramentas elencadas, devendo, posteriormente, elaborar uma breve apresentação de 5 minutos para expor suas descobertas.
Tarefas mais complexa	Professor propõe que os alunos se organizem em grupos e façam uma pesquisa na internet sobre o tema "escolher uma carreira". Eles devem, então, elaborar uma breve apresentação de 10 minutos, apresentando os resultados de seus levantamentos. Ao final das apresentações, a turma deve elaborar uma lista conjunta de todo o conhecimento compartilhado sobre o tema.

9.5.2.1 Aspectos linguísticos: prática transformada e enquadramento crítico

Mais uma vez, abre-se o leque de opções com relação à criação de tarefas que apontem novos modos de pensar e agir para a escolha de uma carreira. Entretanto, é preciso ter em mente que toda e qualquer escolha feita pelo professor nesse ponto é substancialmente mais significativa se está aliada a escolhas feitas pelos alunos ao longo do processo de construção de conhecimento do tema em foco, para que criem novas possibilidades de repensar e reorganizar suas escolhas, considerando questões de poder e interesses. Em outras palavras, é importante que as tarefas criem contextos para produção de um conhecimento crítico que se materialize como instrumento para novos modos de pensar e agir, fazendo a diferença nas experiências da vida cotidiana, a "vida que se vive".

Nessa perspectiva, uma sugestão para as *tarefas mais complexas* seria o desenvolvimento do trabalho de escrita de um artigo sobre questões de poder e interesses que embasam suas escolhas de carreira no momento que vivem. As *tarefas intermediárias* se estruturariam para que os alunos organizassem um fórum de profissões, no qual as ferramentas pesquisadas comporiam o evento e a turma atuaria pautada pela reavaliação do conhecimento construído na fase de pesquisa. Isso estaria aliado à elaboração da linguagem necessária para uma *performance* em que diferentes escolhas seriam discutidas de forma crítica e voltadas a ações colaborativas para enfocar a escolha de carreira. Finalmente, nas *tarefas menos complexas*, os alunos poderiam aprofundar a utilização das duas ferramentas que escolheram em grupo, reorganizando-a como uma atividade social para escolha de carreira com foco em questões de poder e interesses. Seriam apontados quais são os sujeitos, as regras, a divisão de trabalho, a comunidade envolvida e os subsídios linguísticos necessários para a execução dessa atividade no mundo.

9.5.3 Atividade social 3: fazer trabalho voluntário

Quadro 9.6 – Experienciando o contexto: prática situada

Contexto de produção:	
Construção de um conceito compartilhado sobre o significado de trabalho voluntário a partir da apresentação de um vídeo que proponha essa reflexão. Sugestão de vídeo: "Matisyahu – One Day (tradução)" (Disponível em: <www.youtube.com/watch?v=lTdIttkgTml&feature=youtu.be>. Acesso em: 1 jun. 2016.).	
Tarefa menos complexa	Professor oferece aos alunos uma atividade contendo uma lista com as ações ilustradas no vídeo – desordenadas propositalmente – e pede que eles as organizem de acordo com o que assistiram. Ao final, professor propõe uma reflexão a partir da seguinte pergunta: "Por que as pessoas do vídeo escolheram agir assim?". Finalmente, solicita que a turma relacione suas respostas ao conceito de trabalho voluntário.
Tarefa intermediária	Professor propõe que a turma, trabalhando em pequenos grupos, descreva as ações ilustradas no vídeo e explique a relação dessas ações com a palavra "desejo". Ao final, abre a discussão para o grupo todo, pedindo à turma que relacione suas conclusões ao conceito de trabalho voluntário.
Tarefa mais complexa	Após a apresentação do vídeo, o professor organiza a turma em grupos menores e pede que elaborem um parágrafo expressando o significado da palavra "desejo" e relacionando esse significado ao vídeo. Os grupos apresentam seus textos oralmente uns para os outros, revezando-se em pequenos intervalos determinados pelo professor. Ao final, o professor abre a discussão para o grupo todo, pedindo à turma que relacione as definições propostas ao conceito de trabalho voluntário.

Quadro 9.7 – Organização textual: instrução evidente

Conteúdo temático:	
Levantamento sobre os benefícios que o trabalho voluntário pode proporcionar.	
Tarefa menos complexa	Professor separa os alunos em pequenos grupos e dá um papel com a definição de trabalho voluntário e um dos benefícios que este pode proporcionar, sendo eles: • *Volunteering connects you to others.* • *Volunteering is good for your mind and body.* • *Volunteering can advance your career.* • *Volunteering brings fun and fulfillment to your life.* Os grupos recebem, também, uma lista de razões que podem justificar o tópico que receberam. Em grupos, os alunos organizam, com base na definição, o benefício proporcionado e quais razões justificam seus tópicos, explicando suas escolhas. Sugestão de texto: site Helpguide.org (Disponível em: <www.helpguide.org/life/volunteer_opportunities_benefits volunteering.htm>. Acesso em: 1 jun. 2016.).
Tarefa intermediária	O professor apresenta a definição de trabalho voluntário e os seguintes possíveis benefícios que pode proporcionar e, dividindo a turma em grupos menores, sorteia esses benefícios de forma que cada grupo receba dois tópicos para a produção de conhecimento sobre trabalho voluntário e seus benefícios. • *Volunteering connects you to others.* • *Volunteering is good for your mind and body.* • *Volunteering can advance your career.* • *Volunteering brings fun and fulfillment to your life.* Sugestão de texto: site Helpguide.org (Disponível em: <ww.helpguide.org/life/volunteer_opportunities_benefits_volunteering.htm>. Acesso em: 1 jun. 2016.).

(continua)

Quadro 9.7 – Organização textual: instrução evidente *(continuação)*

Conteúdo temático:	
Tarefa mais complexa	O professor apresenta aos alunos os seguintes possíveis benefícios que o trabalho voluntário pode proporcionar. Pede que os alunos, trabalhando em pequenos grupos, elenquem possíveis fatos que sustentem estas afirmações: • *Volunteering connects you to others.* • *Volunteering is good for your mind and body.* • *Volunteering can advance your career.* • *Volunteering brings fun and fulfillment to your life.* Sugestão de texto: site Helpguide.org (Disponível em: <ww.helpguide.org/life/volunteer_opportunities_benefits_volunteering.htm>. Acesso em: 1 jun. 2016.).

9.5.3.1 Aspectos linguísticos: prática transformada e enquadramento crítico

Para *tarefas menos complexas*, o professor reorganiza os grupos de alunos que discutiram o trabalho voluntário de forma que compartilhem suas reflexões e posicionamentos quanto ao tema. Na discussão, necessitam colocar seus pontos de vista e argumentos sobre as escolhas que fizeram e os interesses que apoiam tais escolhas. Para *tarefas intermediárias*, o professor pede aos alunos de cada grupo que leiam um artigo autêntico na internet sobre o assunto, comparando seus pontos de vista e argumentos àqueles apresentados no texto. O professor, então, pode organizar um jogo em que os alunos de cada grupo compartilham um de seus tópicos e perguntam aos colegas do outro grupo o que acreditam que foi mencionado no texto sobre aquele benefício e por quê – e estes colocam suas hipóteses e justificativas. Os detentores daquele tópico confirmam se a resposta está alinhada com o texto ou não e se há argumentos para a concordância.

Contudo, para esse jogo, é importante que o professor deixe claro, desde o início, que não se trata de oferecer respostas certas ou erradas, mas sim respostas possíveis, uma vez que o objetivo do jogo é expandir o repertório de conhecimento dos alunos acerca do tema trabalhado.

Para *tarefas mais complexas*, o professor pode solicitar aos alunos que leiam um artigo autêntico na internet sobre o assunto, comparando suas hipóteses às apresentadas no texto. Finalmente, cada grupo deve montar uma apresentação em PowerPoint, contrastando suas compreensões sobre trabalho voluntário com as apresentadas no texto e salientando os argumentos e os interesses que apoiam as compreensões controversas ou concordantes.

Para essa atividade social, o professor também tem a chance de trabalhar os aspectos linguísticos de diversas formas. Entretanto, um dos caminhos possíveis seria auxiliar os alunos na busca por uma área de atuação no trabalho voluntário, explorando, por exemplo, a linguagem que envolve o levantamento de hipóteses (*would, second conditional, modals in the past*) nas tarefas mais complexas ou a descrição de vivências reais ou imaginárias com foco no uso do passado, para tarefas intermediárias. Com tarefas menos complexas, o professor poderia trabalhar o uso dos imperativos, como *dos and don'ts of volunteer work*. É importante lembrar que escolhas linguísticas não são aleatórias, pois têm significação quanto às suas razões. O professor necessita pontuar, por exemplo, o que significa, com relação a questões de poder, usar um imperativo.

Sobretudo, é essencial considerar que a intencionalidade no planejamento das atividades propostas em sala de aula, sejam elas quais forem, deve ter seu foco na reflexão sobre a linguagem como um instrumento capaz de colaborar para a produção de conhecimento e para a compreensão crítica do mundo em que vivemos, proporcionando novas formas de atuação social.

As atividades sociais elencadas neste capítulo são apenas alguns exemplos de como o ensinar e aprender inglês pode colaborar para a construção de formas colaborativas de relacionar-se consigo mesmo e com o mundo, em uma relação dialógica e dialética.

PARA FINALIZAR

Por fim, queremos focar o processo de preparação das atividades sociais planejadas na seção anterior. Como já dissemos, elas estão apoiadas em uma compreensão de ensino-aprendizagem em que professores e alunos colaboram de forma colaborativo-crítica para a produção de conhecimento criativo, a que Vygotsky (1988) denomina zona de desenvolvimento proximal. Definida como uma zona de conflito e desenvolvimento, pressupõe a construção de relações dialógicas e dialéticas entre todos os participantes da sala de aula de forma que todos sejam apoio para a aprendizagem e o desenvolvimento do colega, ao ouvir, expandir, pedir clarificações, manifestar dúvidas e discordâncias por meio de perguntas controversas na fala do outro. O objetivo é que os alunos tenham papéis ativos de construtores de conhecimento, o que os envolve em uma relação dialética com colegas e professores, mediada pela linguagem da argumentação.

O processo de construção da proposta de ensino-aprendizagem que apresentamos tem início com a escolha do tema com os alunos. Uma vez decidido o tema, professor e alunos decidem uma ou mais atividades sociais (AS) a serem trabalhadas. A partir dessa escolha, são selecionados os gêneros que organizam as várias tarefas que compõem cada atividade. Após essas decisões iniciais, professores e alunos precisam pensar sobre as múltiplas possibilidades de desenvolvimento dos temas (multiculturalidade), bem como dos modos como são representados na organização das tarefas (multimodalidade). Podem também escolher as mídias utilizadas na organização da proposta didática.

Assim, retomando nossa proposta didática, pode-se notar que esse foi o caminho que percorremos em sua organização, embora não tenhamos analisado cada um dos gêneros envolvidos na construção das AS que pensamos em cadeia. Procuramos formar o quadro do mercado de trabalho e da vida profissional e apontar como multiculturalidade, multimodalidade e multimídia estão envolvidas.

A atividade de aula de inglês foi pensada como criação de ZPD. Estas devem possibilitar reflexões sobre a inserção de adolescentes no mercado de trabalho e na vida profissional, o que também significa envolvê-los em *performances* nas quais necessitam agir em situações novas que ainda não dominam, mas que estão experienciando em sua inserção na vida adulta.

REFERÊNCIAS BIBLIOGRÁFICAS

BRASIL. Ministério da Educação. Secretaria de Educação Básica. **Orientações Curriculares da Educação Básica:** Ensino Médio: Linguagens, Códigos e suas Tecnologias. Brasília, DF, 2006.

BAKHTIN, M. **Estética da criação verbal**. São Paulo: Martins Fontes, 2003.

HOLZMAN, L. Without creating ZPDs there is no creativity. In: CONNERY. M. C.; JOHN-STEINER, V. P.; MARJANOVIC-

-SHANE, A. (Ed.). **Vygotsky and creativity**: a cultural-historical approach to play, meaning making, and the arts. New York: Peter Lang, 2010.

KALANTZIS, M.; COPE, B. Multiliteracies in education. In: CHAPELLE, C. A. (Ed.). **The encyclopedia of applied linguistics**. Hoboken: Wiley-Blackwell, 2013. p. 1-6.

MARX, K.; ENGELS, F. **A ideologia alemã**: teses sobre Feuerbach; Karl Marx; Friedrich Engels. 9. ed. São Paulo: Centauro, 2006.

MERÇON, J. **Aprendizado ético-afetivo**: uma leitura spinozana da educação. Campinas: Alínea, 2009.

NEWMAN, F.; HOLZMAN, L. **Lev Vygotsky**: cientista revolucionário. São Paulo: Loyola, 2002.

ROJO, R. (Org.). **Escol@ conectada**: os multiletramentos e as TICs. São Paulo: Parábola, 2013.

SPINOZA, B. **Ética**. Belo Horizonte: Autêntica, 2011.

VYGOTSKY, L. S. **The collected works of L. S. Vygotsky**. New York: Plentum Press, 1987. v. 1.

_____. **A formação social da mente**. São Paulo: Martins Fontes, 1988.

Sugestões de leitura

BROWN, H. D. **Teaching by principles**: an interactive approach to language pedagogy. New York: Pearson Education, 2001.

HOLZMAN, L. **Performance**. [S.l.]: Lois Holzman, 2008. Disponível em: <http://loisholzman.org/performance/>. Acesso em: 21 abr. 2016.

LEWIS, M.; HILL, J. **Practical techniques for language teaching**. London: LTP, 1992.

LIBERALI, F. C. **Atividade social nas aulas de língua estrangeira**. São Paulo: Moderna, 2009.

_____. (Org.). **Inglês**. São Paulo: Blucher, 2012. (Série A reflexão e a prática no ensino, v. 2.).

UR, P. **A course in language teaching**: practice and theory. Cambridge: Cambridge University Press, 1996.

O processo avaliativo na disciplina de língua inglesa

Márcia Pereira de Carvalho

Mônica Galante Gorini Guerra

Rosemary Hohlenwerger Schettini

10.1 INTRODUÇÃO

Neste capítulo, buscamos relacionar as avaliações que estão implicadas na atividade docente e na organização escolar. A avaliação é, segundo Luckesi (2002), uma das atividades mais antigas realizadas pelo homem, podendo ser entendida como um processo dinâmico e participativo que assume um papel de construção e intervenção planejada, intencional e sistemática. Este processo implica diagnosticar uma experiência para alcançar um resultado melhor. O autor também diferencia avaliação de exame, quando descreve o exame como um procedimento em que os examinados são classificados, selecionados ou excluídos do processo a que se candidatam. Para Luckesi, "avaliar é o ato de diagnosticar uma experiência, tendo em vista reorientá-la para produzir o melhor resultado possível" (2002, p. 83).

Se, por um lado, a avaliação é entendida como momento de exame em que os envolvidos demonstram conhecimentos em uma atividade centralizada, de controle, de processo somatório de notas, focada na hierarquização dos sujeitos pelos resultados obtidos, por outro lado, a avaliação é compreendida como um processo contínuo que se expande para além do exame e torna-se uma prática que possibilita compreensão, reflexão, análise, planejamento, estudo, formação, implementação e produção de resultados (LUCKESI, 2002). A avaliação precisa ser um processo permanente, dialético e caracterizada como uma atividade formativa, cujo conjunto de ações intencionais resulta na formação dos sujeitos.

A avaliação com foco na formação de sujeitos atuantes no mundo também possibilita um avanço na educação como um todo. Torna-se necessária, então, a compreensão da importância de discussões sobre formas de avaliar como práticas indissociáveis do processo ensino-aprendizagem em sua totalidade e do contexto em que os sujeitos estão inseridos.

Este capítulo apresenta, de forma sucinta, algumas avaliações existentes no contexto educacional brasileiro, por meio do resgate dos significados de avaliação e de suas características no processo de ensino-aprendizagem. Em seguida, faz-se a análise de um item da disciplina de língua inglesa no Exame Nacional do Ensino Médio (Enem), cujo significado expandiu-se ao longo dos anos para além de um exame classificatório como o "vestibular" no contexto brasileiro. Ao final do capítulo, há uma sequência de tarefas de ensino-aprendizagem para a disciplina de língua inglesa, desenvolvida para alunos de 3º ano do Ensino Médio (EM), e um exemplo de como proceder criticamente na avaliação.

Exame Nacional do Ensino Médio: O Exame Nacional do Ensino Médio (Enem) é usado como possibilidade de ingresso em universidades públicas ou universidades particulares pelo Programa Universidade para Todos (Prouni).

10.2 AVALIAÇÕES EXISTENTES NO CONTEXTO EDUCACIONAL BRASILEIRO

As avaliações existentes no contexto educacional brasileiro possuem várias finalidades e funções e têm importante papel nas relações estabelecidas no contexto escolar. É na avaliação da aprendizagem, conforme a Lei de Diretrizes de Bases da Educação Nacional (LDB), lei n. 9.394, de 20 de dezembro de 1996, que se busca a classificação dada pelos professores por meio das propostas existentes no projeto pedagógico da escola, oportunizando ao aluno uma análise de seu percurso, suas competências e dificuldades.

Na avaliação institucional, a escola é o próprio objeto da avaliação a partir da proposta pedagógica, dos planos de ensino e das práticas oriundas deste plano. Essa prática incorpora os resultados da avaliação da aprendizagem e possibilita uma reavaliação da própria proposta curricular, localizando aspectos favorecedores e outros que necessitem de reorganização.

Avaliações externas: As avaliações podem ser pesquisadas no site do Inep (Disponível em: <www.inep.gov.br>. Acesso em: 1 jun. 2016.).

As avaliações externas contemplam resultados de provas padronizadas em forma de tópicos, baseados em conjuntos curriculares de disciplinas construídas em torno de habilidades e competências. A base de desenvolvimento da avaliação pressupõe conhecimentos formais e de mundo desenvolvidos pelos estudantes em seu processo de escolarização.

Avaliação Nacional da Educação Básica (Aneb): Abrange, de maneira amostral, alunos das redes pública e privada do país, de áreas urbanas e rurais, matriculados no 5º ano e no 9º ano do Ensino Fundamental e no 3º ano do Ensino Médio. O principal objetivo é avaliar a qualidade, a equidade e a eficiência da educação brasileira. Apresenta os resultados do país como um todo, das regiões geográficas e das unidades da federação. É realizada bianualmente.

Avaliação Nacional do Rendimento Escolar (Anresc), conhecida como "Prova Brasil": Trata-se de uma avaliação censitária envolvendo os alunos do 5º ano e do 9º ano do Ensino Fundamental das escolas públicas das redes municipais, estaduais e federal. Tem o objetivo de avaliar a qualidade do ensino ministrado nas escolas públicas. Participam desta avaliação as escolas que possuem, no mínimo, vinte alunos matriculados nos anos avaliados, sendo os resultados disponibilizados por escola e por ente federativo. É realizada bianualmente.

Avaliação Nacional da Alfabetização (ANA): Avaliação censitária envolvendo os alunos do 3º ano do Ensino Fundamental das escolas públicas. Tem o objetivo principal de avaliar os níveis de alfabetização e letramento em língua portuguesa, alfabetização matemática e condições de oferta do ciclo de alfabetização das redes públicas. A ANA foi incorporada ao Saeb pela Portaria n. 482, de 7 de junho de 2013. É realizada anualmente.

Exame Nacional do Ensino Médio (Enem): Criado em 1998. Tem o objetivo de avaliar o desempenho do estudante, as habilidades e as competências em sua formação ao fim da educação básica. Busca contribuir para a melhoria da qualidade deste nível de escolaridade.

Exame Nacional de Desempenho de Estudantes (Enade): Integra o Sistema Nacional de Avaliação da Educação Superior (Sinaes) e tem como objetivo aferir o desempenho dos estudantes em relação aos conteúdos programáticos previstos nas diretrizes curriculares do respectivo curso de graduação. Avalia as habilidades e competências na formação do aluno.

A temática avaliação na área de educação e no contexto do Ensino Médio implementada e integrada ao projeto pedagógico da escola – em consonância com as novas Diretrizes Curriculares

Nacionais para o Ensino Médio (DCNEM) e em articulação com as Diretrizes Curriculares Nacionais para a Educação Básica (DCNEB) – possibilita que os sujeitos históricos (estudantes e professores) sejam participantes ativos e protagonistas em sua diversidade e singularidade.

10.2.1 O papel do Enem na vida de alunos do Ensino Médio

O Enem, proposto pelo Instituto Nacional de Estudos e Pesquisas (Inep), compõe-se por questões objetivas e por redação; e é aplicado desde 1998. Tem o objetivo avaliar o domínio das diversas linguagens; a compreensão de fenômenos naturais, tecnológicos e manifestações artísticas; o enfrentamento de situações-problema; a construção de argumentação e a elaboração de propostas (INEP, 2010b).

Apoia-se na teoria de resposta ao item (TRI), que prevê proficiência em utilizar os conhecimentos ensinados e aprendidos durante o EM para responder a questões. Neste caso, o item pode ser compreendido como questão (INEP, 2012).

Travitski (2013), ao pesquisar os limites e as possibilidades do Enem como indicador de qualidade escolar, fez levantamentos sociais, históricos e culturais sobre as avaliações externas. O Enem é uma das avaliações externas utilizadas para enfatizar valores, os quais são revelados por desempenho intelectual, atitudinal e procedimental e embasados na educação formal durante toda a formação dos alunos. Os futuros profissionais precisam ter como base de sua formação o trato com as pessoas. Lino de Macedo ressalta que só depois de pautar o ensino básico nas premissas de desenvolvimento pessoal, os alunos podem cuidar da formação profissional em futuros estudos (TRAVITSKI, 2013).

10.3 DIFERENTES SIGNIFICADOS DE AVALIAÇÃO E SUAS CARACTERÍSTICAS NO PROCESSO DE ENSINO-APRENDIZAGEM

No espaço escolar, vários conceitos de avaliação e sua aplicação são utilizados para refletir e colocar em prática ações que dialoguem com a perspectiva teórica escolhida. Embora existam diferentes termos para várias formas de qualificar a avaliação, e como não é o foco deste capítulo explicar profundamente as diversas formas de avaliar, adotamos uma maneira didática para que o leitor possa ter uma visão dos tipos citados e da avaliação proposta aqui.

Formas de avaliar:
Para aprofundar o estudo, ver os autores citados.

Dentre vários estudos sobre essa temática, destaca-se o de Rolim (1998). A autora aponta para a necessidade de consonância entre o avaliar e as práticas de ensino-aprendizagem propostas pelas instituições formais de ensino, que funciona por meio de um processo de reflexão e consciência plena sobre o significado de avaliar e discutir os resultados da avaliação. A cultura de ensinar, aprender e avaliar existem juntas e complementam-se por meio da prática (ROLIM, 1998), pelo diagnóstico elaborado e por anotações regulares.

Capelo (2014) define o processo de avaliação da aprendizagem como formativo e revela a presença da avaliação em projetos curriculares inovadores. A autora fez um estudo das bases do processo de avaliação da aprendizagem pelos fundamentos tradicionais que se embasam em preocupações com mensuração, descrição e julgamento, enquanto os fundamentos formativos são interativos e negociados por todos os participantes. O papel do avaliador é promover discussões em que todos compreendam o próprio contexto por meio do paradigma crítico. Em seu estudo da compreensão do processo da avaliação *formativa*, a autora explica que avaliações são processos embasados em três paradigmas que auxiliam no entendimento e nas implicações do modo de avaliar: objetivista, subjetivista e crítico.

No paradigma *objetivista*, a avaliação é um processo para *quantificar* e *mensurar* conhecimentos. Determina relações interpessoais verticais, autoritárias e de prescrição. Nesse campo ideológico de avaliação, não se emite juízos de valor, pois as opiniões podem interferir na aferição (CAPELO, 2014). No paradigma *subjetivista*, a avaliação de ordem *qualitativa* está pautada nos processos de *observação das ações* conscientes dos diferentes sujeitos envolvidos na avaliação. O olhar dos envolvidos centraliza os valores ensinados e aprendidos e o conhecimento desenvolvido durante um período. Ao observar o desenvolvimento e a aprendizagem de valores e de conhecimentos durante a avaliação, o avaliador corre o risco de igualar as experiências por um viés escolhido *a priori*. Nesse caso, é necessário tomar precauções para não criar um modelo sem considerar que os sujeitos são singulares e partilham diferentes modos de ser. Já no paradigma *crítico*, o foco está na interação entre os *sujeitos* como *agentes coletivos e protagonistas no exercício do processo de avaliação*. Essa proposta avaliativa, cuja metodologia integra teoria e prática, não perde de vista o cenário sócio-histórico-cultural nem o projeto pedagógico da instituição.

Tiné (2009) alerta que a avaliação precisa estar ligada ao projeto político pedagógico da escola como um processo comprometido com o desenvolvimento pessoal e intelectual de todos participantes envolvidos. Para esta autora, a compreensão da avaliação pode ser vista em dois processos vividos nas instituições de ensino: *formais e informais*. Por um lado, a avaliação formal cumpre um papel na manutenção das relações sociais e nas estruturas de poder dominante e informam o rendimento escolar de alunos e professores por *escalonamentos* designados por instituições reguladoras do ensino. As avaliações informais, por sua vez, são embasadas em respostas e contribuições do professor ou da escola ao desenvolvimento de aprendizagem dos alunos dentro e fora da escola. Tiné reitera que discutir as diferentes concepções sobre avaliação compreendidas pelos participantes, conhecer as prescrições legais e reconhecer a importância das relações interpessoais embasa práticas mais éticas ao avaliar.

Fidalgo (2002, 2005, 2007, 2012) ilumina este campo ao esclarecer que uma avaliação *normativa* está comprometida com a hierarquização de alunos pelos resultados obtidos e com a *mensuração* de como os indivíduos apropriaram-se de determinados conhecimentos. Dessa forma, a avaliação *somativa* está embasada no paradigma objetivista, é formal e figura-se como teste em que há preocupação com controle e resultados. A avaliação *formativa* está centrada na observação do desenvolvimento intelectual do aluno e seu foco recai no aluno. A introspecção do conhecimento vivida pelos alunos é observada pelos professores. Nessa perspectiva, os professores compreendem a maturação do indivíduo como um processo natural imanente ao ser humano. Esta avaliação está inserida no paradigma crítico, acontece de modo formal e informal. É vivenciada pela autoavaliação e alteravaliação, ou seja, trata-se de uma avaliação feita por outro. Segundo Fidalgo (2002), a avaliação *mediadora* é um processo em que a autoavaliação e a alteravaliação entrelaçam-se para mediar o que foi ensinado e aprendido. Neste tipo de avaliação, todos os sujeitos em uma aula avaliam os modos de agir individual e coletivamente por meio de atenção ao contexto, memória intencional, planejamento de ações e automonitoramento. A avaliação é embasada na linguagem pela discussão de ações e na solução de conflitos. Tem como foco o aspecto social da construção do conhecimento. A autora explica que as avaliações qualitativa e formativa têm os mesmos objetivos e enfatizam o trabalhar de modo formativo com a avaliação. Em alguns textos, Fidalgo chama essa forma de avaliar de qualitativa-formativa.

Para Libâneo (2004), a avaliação tem caráter *diagnóstico* e *processual*, pois identifica os aspectos em que os alunos apresentam dificuldades. Nesse tipo de avaliação, os professores buscam solucionar os problemas de ensino-aprendizagem durante o processo. Tais avaliações são informais e estão embasadas no paradigma subjetivista. O acompanhamento do desenvolvimento dos alunos é feito ao realizar as tarefas propostas em aulas.

Mertens e Wilson (2013) e Mertens e Hesse-Biber (2013) apresentam os paradigmas da avaliação pós-positivista, construtivista, pragmática e transformadora. Os autores afirmam que os princípios filosóficos do paradigma transformador se destacam pela relevância de uma postura ética, buscando a justiça social e a garantia de direitos humanos. Os itens de uma avaliação, com base nesse paradigma precisam estar alicerçados sobre o sentido de investigar a realidade de forma sistemática e sobre a relevância da produção do conhecimento, levando em consideração o respeito cultural.

Quadro 10.1 – Tipos de avaliação

Tipos de avaliação		
Quantitativa	*Tradicionais formais*	Estão embasadas em mensuração, descrição e julgamentos. Cumprem o papel de manutenção das relações sociais nas estruturas de poder dominante.
Qualitativa	*Informais*	Estão embasadas em interação e negociação; nas respostas e contribuições do professor ao desenvolvimento dos alunos; na observação do desenvolvimento intelectual do aluno.

Quadro 10.2 – Paradigma e propósito

Paradigma	Propósito
Objetivista	Processo para quantificar e mensurar conhecimentos.
Subjetivista	Processo de observação das ações conscientes dos participantes da avaliação.
Crítico	Processo que compreende os participantes como agentes simultâneos em interação pelas questões sociais presentes no contexto social.

Quadro 10.3 – Formas de avaliar

Formas de avaliar				
Nomenclaturas	Modo	Tipo	Paradigma	Procedimento
Somativa	Tradicional formal	Quantitativo	Objetivista	Controle de resultados/atribuição de notas.
Normativa	Tradicional formal	Quantitativo	Objetivista	Hierarquização de alunos pelos resultados.
Formativa	Informal	Qualitativo	Subjetivista	Regulação da aprendizagem e foco centrado no aluno.
Diagnóstica/processual	Informal	Qualitativo	Subjetivista	Professores refletem sobre sua prática para aprimorá-la.
Mediadora	Informal	Qualitativo	Crítico	Mediadora do que foi ensinado e aprendido por todos os envolvidos.

10.4 AVALIAÇÃO NO PROCESSO DE ENSINO-APRENDIZAGEM DE LÍNGUA INGLESA NO CONTEXTO DO ENSINO MÉDIO

De acordo com orientações do Ministério da Educação (MEC), uma nova posição em relação ao ato de avaliar implica na reflexão sobre os objetivos de cada etapa do processo de ensino-aprendizagem. Segundo o artigo 35, são necessários alguns cuidados na elaboração de avaliações como: (I) domínio dos princípios científicos e tecnológicos que presidem a produção moderna; (II) conhecimento das formas contemporâneas de linguagem e (III) domínio dos conhecimentos de filosofia e de sociologia necessários ao exercício da cidadania. Quanto ao perfil do aluno que é formado nessa etapa de estudos descreve-se: (I) a consolidação e o aprofundamento dos conhecimentos adquiridos no Ensino Fundamental, possibilitando o prosseguimento dos estudos; (II) a preparação básica para o trabalho e a cidadania do educando como pessoa humana, incluindo a formação ética e o desenvolvimento da autonomia intelectual e do pensamento crítico e (III) a compreensão dos fundamentos científico-tecnológicos dos processos produtivos, relacionando a teoria com a prática, no ensino de cada disciplina.

A formação de alunos no EM está relacionada à criação de espaços para discussão e compreensão do desenvolvimento científico e de tecnologias contemporâneas. Para isso, espera-se, nesse período, que discentes conectem os vários conhecimentos que compartilharam ao longo da vida escolar e a compreensão do mundo do trabalho por meio de uma visão ética e cidadã. Ao final dessa etapa, esses cidadãos em formação podem lidar com o contexto em que convivem, praticando as teorias com as quais tiveram contato e lidando com as experiências propostas durante o período de formação na escola.

No que se refere a competências e habilidades a serem desenvolvidas no ensino de língua inglesa no Ensino Médio, focalizam-se a leitura, a prática escrita e a comunicação oral contextualizadas (Orientações Curriculares para o Ensino Médio). É fundamental compreender a língua em suas diversas variações de uso, considerando o contexto em que se constrói como forma de possibilidades de produção de linguagem nas diferentes situações de interação. O confronto com diversas práticas de linguagens e gêneros discursivos possibilita a inserção de novas esferas sociais.

Orientações Curriculares para o Ensino Médio: Disponível em: <http://portal.mec.gov.br/seb/arquivos/pdf/book_volume_01_internet.pdf>. Acesso em: 1 jun. 2016.

O ensino de língua inglesa, tanto no contexto do Ensino Médio como em outros contextos, precisa buscar caminhos que mostrem a identidade da disciplina como uma atividade que estabeleça práticas de ensino-aprendizagem possibilitadoras de expansão de conhecimento de mundo. Deste modo, os procedimentos metodológicos de abordagem prática de ensino-aprendizagem podem estabelecer-se de maneira crítica para a construção além do conhecimento linguístico. Dadas estas características, espera-se que alunos ampliem seu conhecimento de mundo e de entendimento de diversas formas de agir, em distintas culturas e contextos.

De forma específica, o processo avaliativo nas aulas de língua inglesa no EM precisa expandir-se para a construção de sentidos além do texto. Isso deve ser feito por meio de perguntas que possibilitem uma reflexão sobre quais novos significados são construídos pelo texto, por exemplo: quem são os leitores do texto "X"? Quem leria o texto "X"? Por quê? É importante ressaltar que estas perguntas precisam estar relacionadas à realidade do aluno, com possibilidades de maior compreensão e reflexão sobre o tema, gerando possibilidades para a expansão de conhecimento visando a transformação efetiva de suas vidas.

10.5 AVALIAÇÕES EM LARGA ESCALA: REFLEXÕES E AÇÕES

Com base nas ideias elencadas até aqui, apresentamos como são estruturadas as questões de prova de larga escala. O exemplo escolhido é o Enem. Esta prova, em lugar de avaliar um conteúdo específico, demanda um nível de interpretação do mundo real e avalia o repertório cultural do aluno. Por isso, as questões são elaboradas partindo de um problema contextualizado e servem de instrumentos de verificação das competências desenvolvidas pelo aluno durante a fase escolar.

A partir da edição de 2009, a reformulação metodológica do Enem foi realizada com o objetivo de adequá-lo para a utilização na seleção unificada de processos de acesso às universidades federais. Assim, tornou-se uma das principais vias de acesso ao ensino superior e ampliou as oportunidades.

Atualmente, a prova do Enem parte de situações-problema contextualizadas que valorizam o raciocínio e estabelecem uma interface com as vivências de mundo dos alunos. A prova abandonou a prática do exame de conteúdos memorizados e é composta de itens baseados em três elementos fundamentais: operação cognitiva, objeto do conhecimento e contexto, **cuja reflexão**

Operação cognitiva: Traduz as ações requeridas para que os alunos resolvam a situação-problema proposta no item, que propicia ao participante demonstrar "sua autonomia de julgamento e de ação, de atitudes, valores e procedimentos diante de situações-problema que se aproximem, o máximo possível, das condições reais de convívio social e de trabalho individual e coletivo" (BRASIL, 2009, p. 12).

Objeto do conhecimento: Refere-se aos conhecimentos escolares que estão sendo solicitados ou mobilizados na questão. Está relacionado a áreas do conhecimento presentes nas propostas curriculares e aproxima-se do trabalho desenvolvido em sala de aula.

Contexto: Refere-se à situação para a qual o item transporta o aluno para a solução do que está sendo proposto. O contexto considera as situações envolvidas na problematização do item e está relacionado à aplicação do conhecimento em sala de aula.

está apoiada na identificação dos aspectos de linguagem e no vocabulário exigidos para cada questão.

Para melhor compreensão, apresentamos um item do Enem de 2013 e algumas sugestões para o professor trabalhar em sala de aula com os alunos. O objetivo está centrado na leitura, na interpretação e na solução de questões de língua inglesa em provas de larga escala. O item a seguir está articulado com a habilidade "analisar e interpretar no contexto de interlocução" (BRASIL, 2009, p. 99), o que equivale a apreender os sentidos gerados pelos atos de linguagem nos processos de interlocução em diferentes situações do cotidiano. A construção ou mobilização desta competência ocorre na leitura e na interpretação de textos escritos ou de textos orais pela inter-relação dos componentes envolvidos no ato comunicativo com um todo coerente, o que implica aspectos socioculturais, intralinguísticos e extralinguísticos.

Figura 10.1 – *ENEM 2013, 2º dia, caderno 5 (amarelo) questão 91, página 3: prova de redação e de linguagens, códigos e suas tecnologias.*

Durante o trabalho desenvolvido com questões de múltipla escolha para provas de larga escala, é importante que os alunos apliquem estratégias de leitura. Podemos iniciar a análise com os alunos pelo *texto-base* (imagens, figuras, tabelas etc.), ou seja, o texto que apresenta uma situação-problema.

O item aqui em discussão traz uma tirinha como texto-base. A tirinha é um meio de comunicação e entretenimento que possibilita uma leitura rica e motivadora. Como elementos globalizadores, as tirinhas estão presentes em diversas mídias de comunicação verbo-visuais da atualidade, como revistas e jornais. É importante chamar a atenção para os seguintes aspectos do gênero: a dependência entre a ilustração e o texto escrito e o auxílio mútuo na produção do sentido a ser construído.

No caso do item analisado, a imagem sustenta os discursos produzidos nos textos verbais. Alguns exemplos de perguntas que podem ser realizadas durante a aula são: "Qual é a relação da imagem com o texto?", "Qual mensagem temos quando analisamos imagem e texto?", entre outras questões. Este item apresenta um desafio e reporta o aluno a um contexto reflexivo, instigando-o a posicionar-se.

Outro ponto que merece atenção está relacionado à composição do *enunciado*, ou seja, a compreensão para estabelecer relações e escolher a alternativa correta. O enunciado apresenta-se como uma ou mais orações e traz a tarefa que o aluno deve realizar. No caso do exemplo apresentado, o enunciado é "A partir da leitura dessa tirinha, infere-se que o discurso de Calvin teve um efeito diferente do pretendido, uma vez que ele...". Trabalhar o enunciado com uma discussão sobre a relação entre texto escrito e imagens possibilita a ampliação do repertório oral dos alunos, pois envolve a reflexão de intencionalidades, escolhas linguísticas e contextos de uso e gêneros textuais que permeiam o ensino da língua. No exemplo, a questão solicita a interpretação por meio da inter-relação dos componentes envolvidos no ato discursivo. Ler o enunciado, reler o texto-base, ler das alternativas que, geralmente, estão em língua portuguesa, pode ajudar na compreensão geral do que está sendo solicitado.

Em outro momento, os alunos podem procurar em jornais, revistas e internet algumas tirinhas em língua inglesa para realizar trabalhos em grupos, construindo, assim, um espaço para a democratização da leitura. A intencionalidade ao desenvolver o trabalho com as questões de língua inglesa em avaliações em larga escala, é fundamental, uma vez que, ao planejarmos esse trabalho para sala de aula, nosso objetivo é desenvolver tarefas com base na reflexão sobre a linguagem e na compreensão crítica do mundo em que vivemos.

Na próxima seção apresentamos uma sugestão de avaliação a partir de um paradigma crítico.

10.6 AVALIAÇÃO PARA O ENSINO MÉDIO: UMA PROPOSTA A PARTIR DE UM PARADIGMA CRÍTICO

Nesta seção, apresentamos um exemplo de avaliação baseada em uma atividade: entrevista de emprego vivenciada na língua inglesa. O contexto é do 3º ano do Ensino Médio, e o paradigma é crítico, o qual entende o espaço escolar como um local democrático, participativo e colaborativo, no qual atuam pais, alunos, professores, coordenadores e comunidade. A avaliação precisa responder a todos esses sujeitos e a muitos outros envolvidos em larga escala no processo de ensino-aprendizagem.

Desse modo, a proposta de avaliação aqui apresentada traz uma discussão sobre uma forma de avaliar em que os sujeitos envolvidos criem oportunidades de escolha em termos enunciativos, discursivos e linguísticos. Também ampliam suas possibilidades de ação no mundo e visualizam essa discussão como possibilidade para planejar o futuro.

O discurso elaborado para relatar o que é preciso saber ao participar de uma entrevista de emprego, os mecanismos linguísticos utilizados nas escolhas de palavras, as perguntas e as respostas que estruturam o discurso de acordo com o contexto de produção merecem atenção como parte do conteúdo a ser ensinado e aprendido. Esta forma de compreender a linguagem remete à teoria da argumentação, que embasa o estudo dos modos de apresentar argumentos como formas de pensar e compreender a constituição das atividades humanas para participar delas de forma mais ativa e compartilhada (LIBERALI, 2013).

A avaliação dentro deste paradigma ocorre a partir do desenvolvimento de ideias surgidas no grupo e do envolvimento dos sujeitos ao realizar e responder às perguntas para que se inicie uma reflexão que envolva o reconhecimento e a identificação de como os sujeitos se apropriaram do gênero entrevista de emprego. Neste tipo de avaliação é importante ressaltar a necessidade de uma reflexão sobre o assunto que é trabalhado para que os sujeitos envolvidos possam participar dela de forma mais ativa e compartilhada.

Quadro 10.4 – Quadro organizador da proposta de ensino

O quê	Atividade social de ensino-aprendizagem.
Sujeitos	Professores e alunos.
Instrumentos	Gêneros orais e escritos, lousa, vídeos, computador, projetor, *role play*, currículo, entrevistas de emprego, conhecimentos cotidiano e científico, mesas, cadeiras.
Regras	Regras presentes na escola, uso da linguagem e mecanismos linguísticos utilizados nas escolhas de palavras, uso de perguntas e respostas que estruturam o discurso de acordo com o contexto de produção.
Instrumentos	Professores elaboram e implementam atividades com alunos, propõem uma discussão sobre o contexto e a atividade a ser realizada, coordenam as atividades na sala de aula, realizam perguntas e respostas que fazem parte da atividade proposta. Alunos participam das discussões sobre a elaboração e a implementação das atividades, trazendo seus conhecimentos científicos e cotidianos.
Comunidade	Grupo Lace, escola pública, comunidade local e familiares.

No quadro a seguir vemos possibilidades de tarefas realizadas com a atividade de entrevista com foco no avaliar. O objetivo não é torná-lo um modelo a ser aplicado em aulas, mas sim servir de exemplo a ser modificado para outras atividades e trabalhos em sala de aula. O intuito é poder refletir sobre: os acontecimentos de uma entrevista; a ordem das perguntas e das respostas durante uma entrevista; as estratégias do entrevistado para responder às perguntas; a necessidade de ampliar conhecimento sobre entrevista pelo conhecimento das categorias enunciativas, discursivas e linguísticas.

Quadro 10.5 – Exemplos de avaliar

Possibilidades de tarefas com foco no avaliar

Aspectos avaliados:

Enunciativos: relacionados com as estruturas de interação e as características dos conteúdos temáticos.

Discursivos: relacionados com formas de organização do texto e do discurso para alcançar o objetivo enunciativo dentro do contexto específico em que está situado.

Linguísticos: relacionados aos diferentes mecanismos utilizados que materializam o texto: mecanismos verbais e nominais, escolhas lexicais, mecanismos de valoração, conexão e interrogação, mecanismos não verbais, dentre outros.

Tarefas	O que avaliar na participação dos alunos (conteúdos)	Como avaliar
Tarefa 1: Compreendendo o contexto social do gênero entrevista e utilizando textos relacionados ao tema.	**Aspectos avaliados:** **Enunciativos**: Discutir sobre o contexto em que se produz a entrevista de emprego; o local e a finalidade de participar de uma entrevista de emprego. **Discursivos**: Relatar a relação entre os interlocutores durante a entrevista por meio de reflexões sobre quem pergunta, por que pergunta, como responder às perguntas. **Linguísticos**: Mecanismos utilizados que ampliam o entendimento de como se materializa uma entrevista de emprego. Mecanismos de interrogação, como qual, por que, como, que entrelaçam e expandem conhecimento pessoal do entrevistado durante a entrevista.	Todos em grupo opinam sobre quem, como e por que participar de uma entrevista. Listam as opiniões trocadas entre si para comparação e checagem dos mecanismos linguísticos utilizados.

(continua)

Quadro 10.5 – Exemplos de avaliar *(continuação)*

Tarefas	O que avaliar na participação dos alunos (conteúdos)	Como avaliar
Tarefa 2: Entendendo a atividade de participar de uma entrevista de emprego por meio de vídeos e discussões para depois realizar as entrevistas.	**Aspectos avaliados:** **Enunciativos:** Discutir sobre o papel do entrevistador e do entrevistado. **Discursivos:** Aprofundamento da função das perguntas e respostas pessoais durante uma entrevista de emprego. **Linguísticos:** Mecanismos utilizados que estruturam o material da entrevista em perguntas e respostas. Perguntas: • Fale um pouco sobre você. • Quais são seus pontos fracos e seus pontos fortes? • Por que está interessado neste emprego? Respostas: Com base em mecanismos verbais (ser: para caracterizar os sujeitos) e mecanismos de valoração (adjetivos apreciativos).	Cada dupla realiza a entrevista. O professor discute as semelhanças e as diferenças nas várias formas de fazer perguntas e respostas, nas escolhas lexicais e no mecanismo de valoração.
Tarefa 3: *Performance*	**Aspectos avaliados:** **Enunciativos:** Como entrevistador e entrevistado desempenham seus respectivos papéis; trocam informações por respostas e perguntas; alcançam o objetivo de preencher/conseguir a vaga de emprego. **Discursivos:** Aprofundamento da função das perguntas e respostas durante uma entrevista de emprego, organização do discurso que resulte na criação de perfis de entrevistado e entrevistador.	As duplas de alunos-apresentadores da *performance*. Demais sujeitos da sala discutem sobre o desempenho e a desenvoltura na *performance*, avaliando o modo de se expressar, as ordens das frases e sentenças nos diálogos, o vocabulário utilizado »»

(continua)

Quadro 10.5 – Exemplos de avaliar *(continuação)*

Tarefas	O que avaliar na participação dos alunos (conteúdos)	Como avaliar
Tarefa 3: *Performance*	**Linguísticos:** Mecanismos lexicais específicos do contexto de entrevista de emprego. Mecanismos de proferição como entonação e timbre de voz que expressem a situação de entrevista de emprego. Mecanismos não verbais como postura (boa postura na medida das possibilidades de cada um), atitudes (sorriso), gestos (aperto de mão).	»» (adjetivos que descrevem qualidades positivas e negativas das pessoas, situações de emprego ou empresa onde se procura emprego.

10.6.1 Discussão de algumas possibilidades

O Quadro 10.5 mostra algumas formas de avaliar tarefas mais sistemáticas com bases em aspectos apropriados ao contexto, tarefas metacognitivas, tarefas metalinguísticas (foco na estrutura), tarefas em que o foco recai no contexto, dentre várias possibilidades.

Tarefa 1: Compreender o contexto social do gênero entrevista.

Sugere-se utilizar textos relacionados ao tema (Exemplos disponíveis em https://aprendereagir.wordpress.com/2013/04/23/genero-textual-entrevista/ e www.totaljobs.com/careers-advice/interviews/what-is-a-job-interview). Em seguida, abre-se uma discussão sobre a atividade entrevista e as pessoas envolvidas na atividade direta e indiretamente. É importante dar atenção ao vocabulário. Também pode ser feita uma discussão de aspectos mencionados no texto e expandir algumas questões, como: para que serve uma entrevista? Quem participa de uma entrevista de emprego? Por que se participa de entrevistas de emprego? Para que se participa de uma entrevista de emprego?

Tarefa 2: Entender a atividade de participar de uma entrevista de emprego

Propõe-se apresentar o vídeo "Job interview tips for your first job" (Disponível em: <www.youtube.com/watch?v=6U7kLrWZU-c>. Acesso em: 1 jun. 2016). Em seguida, abre-se a discussão com as perguntas: quando participar de uma entrevista? Quem participa de entrevistas? Por que se participa de entrevistas? Como participar de uma entrevista?

Tarefa 3: *Performance* – imaginando e vivenciando o momento de entrevista.

Após ler os textos, assistir aos vídeos, discutir com os colegas, monta-se um roteiro para entrevista, discute-se o cenário, a divisão de papéis e as regras. Para pensar nesta proposta de tarefa e avaliar o desempenho dos participantes, propõe-se que os participantes apresentem novas formas de participar de uma situação da vida real de entrevista de emprego, com os conhecimentos científicos construídos e trabalhados anteriormente, expandindo, refletindo e agindo de maneira crítica sobre si e os outros.

Os papéis e modos de agir sugeridos na *performance* não se apresentam como modelos a serem copiados. Os valores da vida, da escola e da comunidade estão presentes na construção desses modos de agir, possibilitando que cada aluno pense em uma nova forma de participação na entrevista. Nessa perspectiva, participar de uma entrevista de emprego possibilita interações estabelecidas entre os sujeitos, criação de perguntas e respostas para informações pessoais e profissionais essenciais em uma entrevista, posturas adequadas e inadequadas de entrevistado e entrevistador, vocabulário utilizado (adjetivos para descrever pessoas e profissões), funções da linguagem e outros mecanismos linguísticos.

Para uma melhor compreensão do processo de avaliação aqui proposto, é preciso listar algumas possibilidades de avaliar. Essa avaliação acontece na apresentação das duplas, que são avaliadas pelas outras duplas. Depois, faz-se um debate sobre a participação de todos os alunos, sobre as oportunidades de imaginar e experimentar novos papéis e novas possibilidades oferecidas pelo ensino-aprendizagem com base em atividades sociais. No processo de avaliação, tornam-se necessárias formas de avaliar que, de fato, permitam perceber o desenvolvimento dos alunos.

Durante a avaliação, as perguntas realizadas têm a função de provocar e impulsionar a reflexão, reformular modos de pensar, orientar e organizar o pensamento, inserir o outro na atividade discursiva. Sugerem-se perguntas prioritariamente instauradoras da atividade argumentativa, articuladoras de discursos contraditórios, organizadoras de espaços discursivos caracterizados pela expansão dialógica. É preciso fazer um convite para *posicionar-se* e *discutir*, visando minimizar a assimetria de papéis, abrir espaços para a expansão dialógica. Também deve-se fazer um convite à responsividade, dentre outras funções (NININ, 2013).

Alguns exemplos de perguntas no momento da avaliação da *performance*:

- Como os apresentadores prepararam a entrevista? Quais materiais são utilizados para contextualizar a *performance*?

- A apresentação da entrevista mostra que os apresentadores (entrevistador e entrevistado) conhecem o tema da apresentação? De que forma? Apresentam o estilo de uma entrevista com perguntas e respostas? Como é a atuação dos apresentadores como entrevistador e entrevistado?

- Os apresentadores fizeram a *performance* da entrevista de emprego? Como? Criaram uma nova forma? Sim? Não? Por quê?

- Como os apresentadores poderiam ter organizado a apresentação para ter um resultado diferente de *performance*?

- Como os apresentadores encenaram a entrevista? Poderia ser feita de outra forma? Por quê? Como?

- Ao comparar a apresentação da dupla com a apresentação em vídeo, é possível dizer que ambas têm pontos em comum? Quais?

- Como a apresentação contribuiu para a aprendizagem de todos?

- Quais foram as categorias utilizadas?

- Alguém faria diferente? Por quê?

- A *performance* diferiu dos vídeos de entrevistas a que assistimos?

- Quais aspectos linguísticos foram utilizados? Qual a função deles?

PARA FINALIZAR

Neste capítulo, buscamos relacionar as avaliações que estão implicadas na atividade docente e na organização escolar. Para esta empreitada, posicionamos o foco do trabalho no tema avaliação como necessária para etapa final do EM. Também foi nossa tarefa apresentar e discutir as diferentes formas de avaliar e seus paradigmas norteadores.

O recorte feito no Enem possibilita reflexões e ações para auxiliar nossos alunos no pleito de uma vaga no ensino superior em faculdades públicas e em universidades particulares (via Prouni). Desse modo, trouxemos dois exemplos práticos de formas de avaliar: uma questão do Enem e uma avaliação formativa. Focamos propostas para que os sujeitos envolvidos no processo confrontem o que estão aprendendo com as demandas pedagógicas e enfoquem a compreensão do que foi aprendido, indagando os valores dos conteúdos desenvolvidos, investigando a externalização parcial dos saberes internalizados e destacando questões colocadas.

Estes exemplos funcionam como base para que os professores pensem em tarefas para a sala de aula que auxiliem os alunos a entender como fazer diferentes tipos de avaliação (em larga escala ou provas mais processuais e formadoras). Estas diferentes alternativas de elaboração potencializam resultados mais satisfatórios, de acordo com o objetivo de cada avaliação.

Embora haja uma discussão sobre diferentes paradigmas, modos e tipos de avaliação, não foi o foco deste capítulo trazer questionamentos sobre os tipos de avaliação e formação de sujeitos. De qualquer forma, ressaltamos que cada maneira de avaliar traz implicações diferentes nas concepções de escola, ensino-aprendizagem e sujeitos. Nesse universo, como educadores, precisamos refletir sobre o aluno que estamos formando e sobre os critérios que utilizamos na concepção de uma avaliação, tendo como foco a construção de uma sociedade cidadã.

REFERÊNCIAS BIBLIOGRÁFICAS

BRASIL. Ministério da Educação. Secretaria da Educação Média e Tecnológica. **Parâmetros Curriculares Nacionais:** Ensino Médio: Linguagens, Códigos e Suas Tecnologias. Brasília, DF, 2000.

_____. Ministério da Educação. Secretaria da Educação Média e Tecnológica. **Parâmetros Curriculares Nacionais + (PCN+):** Linguagens, Códigos e Suas Tecnologias. Brasília, DF, 2002.

_____. Ministério da Educação. **Prova de redação e de linguagens, códigos e suas tecnologias e Prova de Matemática e suas tecnologias.** Brasília, DF, 2013. (Exame Nacional do Ensino Médio).

CAPELO, D. F. **Compreensão do processo de avaliação formativa da aprendizagem e sua presença em projetos curriculares inovadores.** 2014. 105 f. Dissertação (Mestrado em Educação) – Pontifícia Universidade Católica de São Paulo, São Paulo, 2014.

ENGESTRÖM, Y. Non scolae sed vitae dsicimus: como superar a encapsulação da aprendizagem escolar. In: DANIELS, H. **Uma introdução a Vygotsky**. São Paulo: Loyola, 2002. p. 175-197.

FIDALGO, S. S. **(Auto-)A avaliação de ensino-aprendizagem:** ferramenta para avaliação de agentes críticos. 2002. 189 f. Dissertação (Mestrado em Linguística Aplicada e Estudos da Linguagem) – Pontifícia Universidade Católica de São Paulo, São Paulo, 2002.

_____. Autoavaliação: uma questão de prática? Ou de representações? **The ESPecialist**, São Paulo, v. 26, p. 137-154, 2005.

_____. Livros didáticos e avaliação de aprendizagem: uma revisão teórico-prática. In. DAMIANOVIC, M. C. **Material didático:** elaboração e avaliação. Taubaté: Cabral, 2007. p. 287-318.

_____. Avaliação em língua estrangeira. In: LIBERALI, F. C. (Org.). **Inglês**. São Paulo: Blucher, 2012. p. 157-171. (Série A reflexão e a prática no ensino, v. 2).

GUERRA, M. G. G.; LEMOS, M. F. **Coordenador pedagógico:** reflexões e desafios no dia a dia da escola. Fortaleza: Aprender, 2012.

INEP – INSTITUTO NACIONAL DE ESTUDOS E PESQUISAS EDUCACIONAIS ANÍSIO TEIXEIRA. **Guia de elaboração e revisão de itens**. Brasília, DF, 2010a. v. 1.

_____. **Matriz de referência para o Enem**. Brasília, DF, 2010b.

_____. **Entenda a sua nota no Enem:** guia do participante. Brasília, DF, 2012.

_____. **Exame Nacional do Ensino Médio (Enem)**: relatório pedagógico 2009-2010. Brasília, DF, 2013.

LIBERALI, F. C. **Ensino de línguas:** diferentes perspectivas. São Paulo: Cellep, 2006.

_____. **Atividade social nas aulas de língua estrangeira**. São Paulo: Moderna, 2009a.

_____. Creative chain in the process of becoming a totality / a cadeia criativa no processo de tornar-se totalidade. **Bakhtiniana**, São Paulo, v. 1, n. 2, p.100-124, 2009b.

_____. **Inglês**. São Paulo: Blucher, 2012. (Série A reflexão e a prática no ensino, v. 2).

_____. (Org.). **Argumentação em contexto escolar**. Campinas: Pontes, 2013.

LIBERALI, F. C. et al. Educando para a cidadania em contextos de transformação. **The ESPecialist**, São Paulo, v. 27, p. 169-188, 2006.

LUCKESI, C. C. Avaliação da aprendizagem na escola e a questão das representações sociais. **Eccos Revista Científica**, São Paulo, v. 4, n. 2, p. 79-88, 2002.

LUNT, I. A prática da avaliação. In: DANIELS, H. (Org.). **Vygotsky em foco:** pressupostos e desdobramentos. Tradução de Mônica Martins e Elisabeth Cestari. Campinas: Papirus, 1994. p. 219-252.

MERTENS, D. M.; WILSON, A. T. **Program evaluation theory and practice:** a comprehensive guide. New York: Guilford, 2013.

MERTENS, D. M.; HESSE-BIBER, S. Mixed methods and credibility of evidence in evaluation. **New directions in evaluation**, San Francisco, v. 138, p. 5-14, 2013.

NININ, M. O. **Da pergunta como ato monológico avaliativo à pergunta como espaço para expansão dialógica:** uma investigação à luz da linguística aplicada sobre modos de perguntar. São Carlos: Pedro e João, 2013.

O'MALLEY, J. M.; VALDEZ PIERCE, L. **Authentic assessment for English language learners:** practical approaches for teachers. New York: Addison-Wesley, 1996.

PERRENOUD, P. **Avaliação:** da excelência à regulação das aprendizagens: entre duas lógicas. Porto Alegre: Artmed, 1999.

ROLIM, A. C. O. **A cultura de avaliar de professoras de língua estrangeira (inglês) no contexto da escola pública.** 1998. 169 f. Dissertação (Mestrado em Linguística Aplicada) – Instituto de Estudos da Linguagem, Universidade Estadual de Campinas, Campinas, 1998.

ROMÃO, J. E. **Avaliação dialógica:** desafios e perspectivas. São Paulo: Cortez: Instituto Paulo Freire, 1998.

SCHETTINI, R. H. **A construção do objeto de uma rede de sistemas de atividade de formação de professores.** 2006. Tese (Doutorado em Linguística Aplicada e Estudos da Linguagem) – Pontifícia Universidade Católica de São Paulo, São Paulo, 2006.

_____. **Atividade em sala de aula:** um dilema muito discutido, mas pouco resolvido. São Paulo: Andross, 2008.

TINÉ, S. Z. S. **O processo avaliativo em uma escola de Ensino Médio do Distrito Federal.** 2009. 354 f. Tese (Doutorado em

Educação) – Programa de Pós-Graduação em Educação da Universidade de Brasília, Brasília, DF, 2009.

TRAVITSKI, R. **Enem:** limites e possibilidades do Exame Nacional de Ensino Médio enquanto indicador de qualidade de ensino. 2013. 322 f. Tese (Doutorado em Educação) – Programa de Pós--Graduação em Filosofia e Educação da Universidade de São Paulo, São Paulo, 2013.

VIGGIANO, E.; GUARIGLIA, C. E.; MATTOS, C. R. O Exame Nacional do Ensino Médio: avaliação institucional ou seleção para o ensino superior? COLÓQUIO SOBRE QUESTÕES CURRICULARES, 9., 2010, Porto. **Actas...** Braga: Centro de Investigação e Intervenção Educativas/Instituto de Educação da Universidade do Minho, 2010. p. 5000-5015.

VYGOTSKY, L. **A formação social da mente:** o desenvolvimento dos processos psicológicos superiores. Tradução de José Cipolla Neto, Luís Silveira Menna Barreto, Solange Castro Afeche. São Paulo: Martins Fontes, 1998.

_____. **A construção do pensamento e da linguagem**. São Paulo: Martins Fontes, 2004.

Sugestões de leitura

LIBERALI, F. C. **Atividade social nas aulas de língua estrangeira**. São Paulo: Moderna, 2009.

MCLACHLAN, C.; FLEER, M.; EDWARDS, S. Assessing children and evaluating curriculum: shifting lenses. In: _____. **Early childhood curriculum**. New York: Cambridge University Press, 2013. p. 111-140.

UR, P. Assessment and testing. In: _____. **A course in English language teaching**. New York: Cambridge University Press, 2012. p. 167-184.